KB251151

학교조직과 학습조직

학교조직과 학습조직

김희규 著

한국학술정보㈜

국민들은 갈수록 교육에 대한 불만을 토로한다. '교육은 변화에 너무 둔감하다. 누가 교육의 주체인지 알 수 없다'는 등 현행 교육체제에 대한 불신은 높아만 가고 있다. 앞으로 일선 학교는 지식기반사회와 정보통신기술의 발달, 인구 변동 및 가족 관계, 노동시장 변화 등으로 많은 도전에 직면할 것이다. 이에 미래의 학교는 시장이 원하는 방향으로 다양하게 바뀌어 갈 수밖에 없다. 교육 수요자, 즉 학생과 학부모는 자유롭게 자신의 취향과 능력에 맞는 교육을 선택할 수 있으며 획일적인 규제가 아니라 평가와 인증이 그 선택을 돕게 될 것이다. 이처럼 기존의 학교가 변할 수밖에 없다면 향후 20-30년 후의 학교는 어떤 모습으로 변할까?

미래의 학교가 학습하는 조직으로 거듭 태어나지 않으면 더 이상 존립 자체에 한계가 있다는 인식하에 학습조직에 대한 관심이 증대되고 있다. 학습조직으로 재탄생하는 학교는 실험과 다양성, 그리고 혁신의 문화 속에서 강력한 조직으로 재창조될 것이다.

이러한 시대적 변화와 요구에 적합한 조직의 개념으로 학교를 유기체적인 관점에서 바라보는 개념이 학습조직(learning organization)이다. 학습조직은 전통적인 조직으로는 새로운 환경변화에 대처할 수 있는 학습능력이 결여되어 있다는 인식에서 출발한다. 학습조직에 대한 기본 발상은 평생 동안 배워야 한다는 철학을 조직의 대상으로 구체화시킨 전략이기도 하다.

학교조직이 학습하는 조직으로 전환되기 위해서는 학교조직에 대한 학습조직의 효과성 검증이 이루어져야 한다. 하지만 학습조직화 정도를 진단하는 도구들은 주로 지금까지 학습조직에 관한 연구가 이루어져 왔던 經營學 분야에서 개발되어 사용되어 왔다. 그러나 이들 도구들은 학교조직과는 그 특성이 매우 다른 企業組織을 대상으로 개발되었다. 이에 교육학 분야에서 학습조직에 관한 연구를 활성화시키기 위해서는 학습조직 구축에 영향을 미치는 제 요인들을 확인하는 연구와 더불어 학교의 학습조직화 구축 정도를 진단할 수 있는 도구 개발이 필요하였다.

이 책은 학교의 학습조직화 정도를 진단하기 위하여 측정도구를 개발하고, 도구의 양호도를 분석한 것으로 내용 구성은 다음과 같다.

첫째, 학습조직에 대한 개념을 규정하고,

둘째, 학습조직에 관한 文獻考察과 經驗的 先行研究를 분석하여 측정변인과 측정모형을 정립하였으며,

셋째, 이 모형을 근거로 도구를 제작하고, 경험적 검증을 통하여 도구의 타당화 연구를 하였다. 학습조직은 학습을 통한 조직변화의 대응전략으로 활용되고 있다. 일선 학교도 학습조직에 대한 개념을 적용하여 학교의 변화와 발전에 기여할 수 있을 것이다.

이 책은 현재의 학교 모습을 진단해 보고, 이를 통해 미래 사회의 학교는 과연 어떤 모습으로 변해야 할지를 예측해 볼 수 있는 안내서이기도 하다. 학습의 필요성이 어느 때보다 요구되고 있는 시점에서 학교가 학습하는 조직문화로 거듭 태어날 수 있는 계기가 되었으면

한다.

이 책의 출판에 즈음하여 오늘까지 많은 도움을 주신 선·후배 및 동료들께 고마움을 전하며, 특히 해박한 지식과 예리한 통찰력으로 학문의 바른 길을 인도해 주신 고려대학교 김형관 교수님과 신현석 교수님께 진심으로 감사를 드린다.

또한 언제나 부지런한 모습을 몸소 보여주신 부모님과 말없이 내조하는 사랑하는 아내, 그리고 가정의 기쁨과 희망을 전해 주는 아들 동현과 딸 소연에게도 이 지면을 통해 새삼 미안함과 고마움을 함께 전하고 자한다.

끝으로 이 책의 출판을 허락해 주신 한국학술정보(주) 사장님 그리고 훌륭한 책으로 만들어 주신 편집부 직원들의 노고에 깊은 감사를 드린다.

2007년 4월

김 희 규

목 차

표목차

1. 문제 제기

21세기는 변화를 특징으로 하는 시대이다. 오늘날 모든 조직은 급변하는 사회 환경 속에서 생존하고 동시에 경쟁력을 높이기 위해 스스로 변화와 개혁을 추구하고 있다. 이러한 양상은 교육계에도 예외가 아니다. 새로운 환경변화에 능동적으로 대처하기 위해 세계 각국은 자국의 교육체제를 다양한 형태로 개혁하고 있으며, 우리나라에서도 1990년대 이후 교육개혁을 지속적으로 전개하고 있다.

그러나 대부분의 학교는 사회적 변화에 능동적으로 대처하지 못하고 있다. 일부 학자들에 의하면, 학교조직의 변화속도가 느린 이유는 여러 가지가 있지만 그중에서도 수년간 이루어지고 있는 관료제를 지적하고 있다(Raywid, 1990). 학교조직은 아직까지 전통적인 조직 운영 방식에서 탈피하지 못한 채 과거의 고착화된 행태를 답습하고 있다. 가르치는 일은 흔히 학교만의 전유물로 생각해 왔지만 평생학습사회에서는 학교교육만으로 한계가 있다. 학교는 이제 사회·문화의 유지 및 전달이라는 보수적인 기능에서 변화하는 상황에 적응할 수 있는 새로운 능력과 기술의 습득이라는 기대를 다른 어느 때보다 강력히 요구받고 있다(Whitaker, 1997).

오늘날 학교가 감당해야 할 과제는 創意性과 個性이 강조되는 지식기반사회에 적응하고 그 사회를 발전시킬 수 있는 인간을 기르는 일이다. 학교교육은 이제 시키고 받는 타율적인 교육에서 학생 개개인의 잠재력을 길러주는 자율적인 학습 패러다임으로의 전환을 요구하고 있다. 학교교육의 궁극적인 목적은 학습자들의 성장과 발달을 촉진시키는 학생 위주의 학습 활동이라는 본질적 개념에 접근하고 있다(Corcoran, 1995; Hanson, 2001; Hoy와 Miskel, 2001).

학교교육의 중요한 관심은 학생의 學習을 효과적으로 촉진하고, 지원하며, 관리하는 데에 있다. 학교는 조직의 목표달성을 위한 관리, 통제에서 벗어나 학교가 추구하는 비전, 전략, 지원을 중시하는 패러다임으로 변화되어야 한다. 학교조직은 학교장의 지도성이나 학교 환경만을 강조하는 수동적인 모습에서 탈피하여 학교 구성원들이 보다 力動的으로 정보와 지식을 창출하고 공유하는 새로운 조직 형태로 전환되어야 한다.

이러한 시대적 변화와 요구에 적합한 조직의 개념으로 학교를 유기체적인 관점에서 바라보는 개념이 학습조직(learning organization)이다. 學習組織은 전통적인 조직으로는 새로운 환경변화에 대처할 수 있는 학습능력이 결여되어 있다는 인식에서 출발한다. 학습조직에 대한 기본 발상은 평생 동안 배워야 한다는 철학을 조직의 대상으로 구체화시킨 전략으로써 조직의 구성원들이 지속적인 학습 활동을 전개하고, 그러한 학습을 하도록 조직 여건을 구비하여, 알고 있는 것을 실천으로 행하는 과정을 중점적으로 다루고 있다.

이에 학습조직은 조직 내의 개개인이 학습을 통하여 새로운 지식을 획득하고 개개인의 지식이 조직 차원에서 공유되어 조직의 문제 해결력을 끊임없이 향상시켜 나가는 조직을 의미한다(Marquardt, 1996; Argyris와 Schon, 1996; Senge 외, 2000). 학습조직은 학습이론, 조직이론, 사회체제이론 등 다학문적인 측면을 근간으로 하면서, 體制的 思考(system thinking)를 철학적 기반으로 학습과 조직을 통합적인 관점에서 접근하고 있다. 이 이론의 등장배경은 외부의 환경변화에 대응할 수 있는 조직의 역량을 강화하고, 조직 구성원들의 지속적인 학습 행위를 통해 언제라도 새로운 환경변화에 적응할 수 있는 조직이 요구되기 때문이다.

사실 학교조직은 개인 및 조직 차원에서 학습의 필요성이 어느 때보다 요구된다. 이러한 시각은 교육개혁이라는 변화의 과정 속에서 제기된 수많은 어려움을 해결하는 방안으로 학교를 학습조직으로 인식하게 하는 계기가 되었다. 그러나 학습조직은 학습을 통한 조직변화의 대응 방안으로 기업조직에서 활발한 연구가 이루어지고 있으나, 아직까지 학교에서는 학습조직에 대한 개념을 적용하는 탐색적 연구에 국한되어 있다. 학교조직도 학습조직으로의 전환의 필요성과 가능성에 관한 연구가 각국에서 이루어지고 있으며 주로 교사의 전문성 개발에 적용되고 있다. 더구나 지식정보화사회가 가속화되면서 학교교육의 기본 철학 및 방법론에 일대 변혁을 가하는 교육개혁안이 학습조직이 추구하는 아이디어와 맥을 같이하고 있다는 점에서 의의를 찾을 수 있다. 학교를 개혁하기 위한 종합적인 전략이기도 한 학습조직은 학습을 촉진하기 위한 개념 수준에서 學習文化를 정착시키기 위한 실천과정에 이르기까지 전개되고 있다(Ikehara, 1999; Karsten 외, 2000). 구체적으로 교육개혁의 핵심적 수행자인 학교장의 역할 관계를 새롭게 모색하기 위해 학습조직에서의 리더의 역할이 강조되고 있다(Issacson, 1992; Shield와 Newton, 1994).

학습조직에 관한 연구는 크게 두 분류로 나눌 수 있다. 하나는 학습조직 구축에 영향을 미치는 요인들에 대한 연구[1]이고, 다른 하나는 학습조직의 성과에 관한 연구[2]이다. 학습조직의 패러다임이 본격화되기 이전에는 주로 조직의 학습을 촉진할 수 있는 요인에 대한 탐구가 많이 이루어졌다. 1990년 초반에는 조직의 학습을 촉진하는 요인을 구성원의 행동 특성에서 찾았으나, 1990년대 후반으로 오면서 조직의 시스템 요인을 크게 강조하고 있다. 학습조직의 성과에 관한 연구들은 학습조직이 조직의 효과성에 미치는 영향에 초점을 두고 있는데, 학습조직이 조직의 효과성을 증가시킨다고 제시하고 있다 (James와 Connolly, 2000; Hall과 Hord, 2001).

---

1) 1990년대 초반을 기점으로 이전까지 논의되어 온 조직학습의 관점을 학습조직 패러다임으로 제시하면서 학습조직의 촉진요인에 대한 연구가 주류를 이루었다. 학습조직 초기 연구 경향은 구성원의 행동 특성이나 행동 규범에 초점을 맞추었으나 이후 학습조직을 촉진하기 위한 시스템요인에 비중을 두는 경향이 있다. 대표적인 학자로서는 구성원의 행동 특성을 강조한 Senge(1990)를 비롯하여 MacGill, Slocum과 Lei(1992), Tobin(1993)을 들 수 있으며, Marquardt(1997)와 Redding(1997) 등은 학습의 수준과 조직의 시스템을 강조하였다. 또한 교육 분야에서는 Leithwood와 Aitken(1995), Marks, Louis와 Printy(2000), 그리고 Sillins(2002) 등을 들 수 있다.

2) 조직의 생산성과 고객의 만족을 중시하면서 실천요인을 강조한 학자들로는 Hosley, Lau, Levey와 Tan(1994), Mingie(1996), 유영만(1995) 등을 들 수 있다. 또한 학습조직에 대한 추상적인 개념을 극복하기 위하여 학습수준을 목표에 맞게 설정하고 학습의 수행과정을 체계적으로 접근한 연구자로는 Huber(1991)와 Nonaka(1994), Garvin(200) 등을 들 수 있다.

따라서 학교조직이 학습하는 조직으로 전환되기 위해서는 학교조
직에 대한 학습조직의 효과성 검증이 이루어져야 하는데, 이를 위해
서는 먼저 학교의 학습조직화 정도에 대한 탐색이 선행되어야 한다.
그러나 교육학 분야에서 학습조직에 관한 연구는 아직 미진한 상태로
교원을 대상으로 한 연구는 물론, 학교의 학습조직화 정도를 측정할
수 있는 적절한 도구까지도 없는 실정이다.

학습조직화 정도를 진단하는 도구들은 주로 지금까지 학습조직에
관한 연구가 이루어져 왔던 經營學 분야에서 개발되어 사용되어 왔
다. 그러나 이들 도구들은 학교조직과는 그 특성이 매우 다른 企業組
織을 대상으로 개발되었다. 또한 특정 이론적 기틀을 기반으로 하면
서도 실제로 측정도구의 문항들은 다른 개념을 혼합하여 사용하거나,
구인 타당도의 검증 없이 도구를 사용하거나. 또는 연구 대상인 특정
기업에만 국한된 내용으로 설문 문항을 구성하여 그 기업조직 이외의
대상자들에게는 도구를 적용할 수 없는 문제점을 가지고 있다. 따라
서 교육학 분야에서 학습조직에 관한 연구를 활성화시키기 위해서는
학습조직 구축에 영향을 미치는 제 요인들을 확인하는 연구와 더불어
학교의 학습조직화 구축 정도를 진단할 수 있는 도구 개발이 우선적
으로 필요하다.

2. 연구목적 및 내용

본연구의 목적은 학교의 학습조직화 구축 정도를 진단하기 위한
개념적 모형을 설정하고 학습조직화 측정도구를 개발하는 데 있다.

이와 관련된 내용을 좀더 구체적으로 제시하면 다음과 같다.

첫째, 학습조직에 대한 개념적 모형을 설정하기 위하여 관련된 제이론들을 고찰한다.

둘째, 학교의 학습조직화 진단도구를 개발하기 위하여 학습조직의 개념모형을 토대로 측정모형을 구성한다.

셋째, 학교의 학습조직화 측정도구를 개발하기 위한 과정은 다음과 같다.

① 학습조직의 하위변인별로 측정문항을 작성하고, 작성된 문항을 교사를 대상으로 1, 2차 예비검사와 본 검사를 실시한다.

② 측정도구의 신뢰도 검증을 위하여 Cronbach Alpha 계수를 산출한다.

③ 측정도구의 타당도 검증을 위하여 탐색적 요인분석과 확인적 요인분석을 한다.

1. 학습조직의 개념

가. 학 습

學習에 관한 한자의 어원을 보면 '學' 자는 문턱에 선 아이를 나타내는 상징 위에 '지식을 쌓는 것'으로 배우는 것을 의미한다. '習' 자는 '계속 연습하고 있는' 모습을 나타내기 위해 둥지를 떠나기 위해 날개 짓하는 어린 새의 모습을 나타내고 있다. 학습이란 '배우고', '계속 익힌다'는 의미가 하나 되어 '자기완성에 통달'하는 것을 의미한다. 학습에 관한 영어의 어원은 원래 '이랑(track)' 또는 '고랑(furrow)'이란 뜻이었다. '배운다'는 것은 어떤 길(track)을 평생 동안 계속 따라가서 경험을 증대시킨다는 것을 의미하고 있다(Senge 외, 2000).

이처럼 학습은 지속적으로 새로운 변화를 모색하고, 적용하며, 역동적인 과정을 간접적으로 암시하고 있다. 즉 학습은 복잡한 환경과의 상호 작용을 통해서 새로운 환경에 적응하고 상황에 대처할 수 있는 유연성을 동시에 지니고 있다.

개인 차원에서의 학습은 심리학적 학습이론의 응용으로 학습에 의한 개인의 인식과 행위의 변화를 의미한다. 따라서 심리학자들은 개인을 분석단위로 하면서 학습을 곧 행동의 변화로 보고 있다.

이러한 개인수준의 행동변화에 초점을 두고 있는 심리학자들이 갖는 학습의 이론적 관점(Hoy와 Miskel, 2001)은 ① 행동주의, ② 인지주의, ③ 구성주의의 세 가지로 요약할 수 있다.

첫째 행동주의자들은 학습을 관찰할 수 있는 행동의 변화로 보고, 이러한 행동의 변화를 유발하기 위한 조건화나 강화에 초점을 두고 있다. 행동적 학습관은 관찰할 수 있는 행동을 변화시키는 데 있어서 외적 사건들, 즉 선행조건들과 결과들의 역할을 강조한다. 즉 관찰할 수 있는 행동, 기능, 습관의 변화를 강조한다. 이러한 학습에 대한 행동적 접근은 행동변화에서 선행조건과 결과의 중요성을 강조하고 있는 Skinner와 그 추종자들의 학문에서 부각되었다.

둘째, 인지적 학습이론들은 사고, 기억, 창의, 그리고 문제 해결과 같은 내적 정신 활동을 강조한다. 인지적 학습관은 세계에 의미를 부여하는 인간 마음의 능동적 의도에 초점을 둔다. 따라서 인지적 시각에서는 지식이 중심이 된다. 개인이 가지고 있는 기존의 지식은 그 개인이 관심을 기울이고, 인지하고, 이해하고, 기억하고, 망각하는 것에 영향을 준다. 인지론자들은 학습을 문제 상황을 지각하는 정신적 과정으로 파악하고, 학습자들이 직·간접적인 경험을 통하여 문제 상황을 지각하는 일련의 과정과 법칙에 초점을 두고 있다.

셋째, 구성주의적 관점은 지식의 공유와 사회적 구성을 강조한다. 구성주의는 외부로부터 오는 지식을 내면화하기보다는 지식을 창조하고 구성한다고 가정하고 있다. 구성주의 학습이론들은 개인들이 어떻게 사건들과 행위들에 의미를 부여하는가에 관심을 갖는다. 따라서 학습은 지식의 구성으로 파악한다. 또 다른 구성주의는 다양한 접근이 있는바, 그 가운데 세 가지는 합리적 접근, 급진적 접근, 그리고 변증법적 접근이 있다. 오늘날 영향력이 커지는 구성주의적 시각은 Piaget, Brunner, Dewey, 그리고 Vygotsky의 연구에 근거를 두고 있다.

이러한 심리학적 학습이론의 관점을 근거로 하여, 조직학습이론에서도 학습의 내용을 구성원들의 행동발달로 볼 것인가, 인지변화로 볼 것인가, 혹은 지식공유로 볼 것인가 하는 학습 내용상의 문제가 주요 이슈로 부각되고 있다.

오늘날 조직론에서 조직학습의 개념도 이러한 심리학적 학습이론에 그 바탕을 두고 있으며(Hedberg, 1981), 오늘날 대부분 조직학습 이론도 조직의 인지변화는 당연히 조직의 행동변화를 가져온다는 관점을 취하고 있다.

한편, 조직 차원에서의 학습은 '적응과 극복'이라는 이중적인 특성을 내포하고 있다. 학습이란 본래 기존의 인지와 배치되는 새로운 지식의 창출을 포함하는 것이기 때문에 근본적으로 조직 내 矛盾(contradiction)과 逆說(paradox)을 확산 · 증폭시킬 가능성을 내포하고 있다. 따라서 학습은 근본적으로 모순을 창출한다(Dogson, 1993). 학습조직 또한 기존의 지식과 유사한 지식의 축적과 모방뿐만 아니라, 전혀 새로운 지식의 지속적인 유입과 창출을 목표로 한다는 점에서 동일한 성격을 지닌다. 학습조직은 그 자체가 시스템의 균형 유지와 변화라는 모순적 요구를 동시에 담고 있다. 이때 모순은 변화와 발전의 원동력이며 조직단위 학습의 원인이 되는 동시에 학습을 촉진하는 요인이 된다(Benson, 1983).

한편, 심리학에서 주된 분석의 단위가 개인이지만 조직론적 학습, 즉 조직학습에서는 분석단위가 조직이 된다. 그런데 조직은 개인들의 집단이다. 따라서 과연 사람이 아닌 조직체가 마치 살아 있는 유기체처럼 경험을 통찰하고, 지식을 창출하고 공유하며, 또 이를 통한 인지변화를 가질 수 있는가의 문제도 여전히 조직학습의 중요한 문제가 되고 있다. 또 하나의 조직학습의 개념적 혼란을 가져오는 문제는 조직학습을 어떤 관점으로 이해할 것인가의 문제이다.

Shrivastava(1983)는 조직 차원에서의 학습을 크게 ① 환경 적응적 관점, ② 지식 축적적 관점, ③ 경험 효과적 관점으로 구분하여 조직의 학습에 대한 개념을 제시하였다.

첫째, 환경 적응적 관점은 학습을 새로운 환경에 適應해 가는 과정으로 보고 있으며, 이 관점의 대표적인 학자는 Cyert와 March(1963), 그리고 March와 Olsen(1975)을 들 수 있다. 이것은 조직이 환경변화에 따라 그들의 목표, 주의(attention)의 룰, 탐색의 룰을 수정함으로써 지식체계로서의 상용이론의 변화과정이나, 혹은 이러한 지식체계의 확장을 바탕으로 조직적 행동유형이 증가되는 과정으로 보는 관점이다.

March와 Olsen(1975)은 Cyert와 March(1963)의 조직학습의 개념을 보다 구체화한 조직학습 순환과정모델을 제시하면서, 조직학습의 과정을 환경에 대한 반응, 구성원들의 인지변화, 구성원들의 행동변화, 조직행동의 변화, 즉 조직의 목표, 규칙, 절차 등에서의 변화로 이어지면서 조직단위에서의 학습의 순환이 이루어진다.

Hedberg(1981)는 조직이 두뇌를 갖고 있지는 않지만 대신 인지 시스템을 갖고 있는데, 이러한 조직체의 인지변화를 통하여 조직은 환

경에 적응함과 아울러 환경을 조작하여 변화시킬 수 있음을 강조하면
서 환경과 조직 간의 適應的, 操作的 관계로써의 조직학습 모형을 제
시하였다.

한편, Lundberg(1989)는 조직의 환경 적응적 학습과정을 ① 조직변
화로서의 학습, ② 조직개발로서의 학습, ③ 조직변형으로써의 학습으
로 세분화하여 이들 각각의 순환학습모형과 더불어 전향적 성격의 환
경 적응적 측면과 관련된 조직변형으로서의 학습모형을 제시하였다.

둘째, 지식공유적 관점에서 학습은 문화, 신념, 정보, 지식을 共有해
가는 과정으로 보고 최초의 연구자는 Agyris와 Schon(1978)이다. 이
들은 조직학습 연구의 초점을 조직 구성원이라는 개인수준이 아닌 조
직수준의 인지적, 신념적 체계의 변화에 초점을 두었다. Agyris(1976)
에 따르면, 개인의 행동을 안내해 주는 공유된 행동이론, 즉 상용이론
이 존재하며, 이는 개인의 행동-결과의 인과관계를 통한 가정이 조
직 전체에 공유된 가정의 산물이라고 하였다.

지식공유적 관점에서는 인지(cognition)라는 다소 추상적인 개념에
대해 지식이라는 보다 구체적인 개념을 제시하고 있다. 또한 구성원
들 간의 상호 작용을 통한 지식공유의 과정을 강조하고 있다.

특히 Senge 외(2000)는 학습의 유형을 適應的 學習과 生成的 學習
으로 구분하였다. 적응적 학습(adaptive learning)이란 변화하는 환경
에 반응하거나 대처하는 의미를 지닌 수동적이고 현재 지향적인 학습
개념이다. 반면에, 생성적 학습(generative learning)은 조직의 현재
능력을 확장시킴으로써 미래의 기회를 발견하는 의미를 지닌 적극적
이고 미래 지향적인 창조의 학습개념이다. Argyris와 Schein(1996)은
생성적 학습으로써 이중고리학습(double-loop learning)을 제시하였는

데 이러한 학습의 유형은 단일선상의 학습과정으로 단일고리학습(single-loop learning)의 후속단계로써 학습의 과정에 초점을 두고 있다. 단일고리학습은 현재의 체제에 아무런 의문을 제기하지 않고 자신의 생각만 고집하는 학습태도를 가진 반면에, 이중고리학습은 새로운 방법의 학습에 개방적이고 도전적이며 변화 지향적이다.

학교가 학습조직이 되기 위해서는 외부 자극과 환경변화에 반응하거나 적응하는 학습도 필요하지만 조직 구성원들로 하여금 무엇이든지 자발적으로 자기의 필요와 요구에 의해 학습하게 만드는 생성적 학습 및 이중고리학습을 동시에 추구해야 한다.

셋째, 경험 효과적 관점에서는 학습을 경험을 통한 지식의 축적 과정으로 보는 것으로 경험곡선에 응용하였다. 이것은 생산 활동의 累積的 경험이 생산 활동의 효율성을 증대시키는 효과를 갖는다는 것이다. 경험효과로서의 학습은 일종의 실행학습(learning by doing)으로 과거 경험으로부터의 학습을 중요시한다.

경제학적 개념인 경험효과 곡선은 생산 활동의 누가적 경험이 효율적인 생산능력을 제고시켜 주는데, 그 원인은 생산자가 과거의 경험으로부터 학습을 하기 때문이다. 이러한 경험곡선이 주는 시사점은 경험효과의 분석을 통하여 학습의 원천을 찾을 수 있다는 것이다. 즉 업무수준의 경험의 증대가 가져오는 지식과 기능(skill)의 증진효과를 조직의 기술변화나 제품설계변화 등과 같은 다른 요인들의 효과와 비교할 수 있다는 것이다. 또한 조직 간의 경험곡선 형태를 비교·분석함으로써 개별 조직들 간의 학습에 대한 능력의 차이를 평가할 수 있다는 점이다.

그러나 경험곡선에 대한 연구는 조직학습의 관점에서 볼 때 다음과 같은 한계를 가지고 있다. 우선 연구의 주요 초점이 일상적이고 반복적으로 수행되는 업무 수준에만 맞추어져 있고 지나치게 計量的인 분석에만 의존함으로써 조직학습의 질적인 측면의 중요성에 대한 인식이 결여되어 있다(Daft와 Weick, 1984; March, 1991). 또한 조직이 환경에 적응하는 데 영향을 미치는 조직 혁신은 흔히 경험곡선효과를 뛰어넘는 학습과정에 의해 이루어진다는 점이다.

위의 관점에서 보면, 학교에서의 학습은 대부분 실생활에 필요한 정보를 분석하고 활용하는 차원보다는 사실을 기억하고 저장하는 데 역점을 두고 있다. 학생들은 학습에 대한 내재적 동기, 호기심, 그리고 즐거움을 가지고 있음에도 불구하고, 입학과 동시에 학습결과에 따른 서열화와 획일화된 교육과정 운영으로 창의적인 교육 활동이 이루어지지 못하고 있다. 학습은 단지 한자의 어원처럼 '배우고 익히는 것'이 단지 지식 축적을 위한 의미보다는 새로운 환경변화에 적응하기 위하여 끊임없이 지식과 정보를 공유하여 능력을 개발하는 과정이 되어야 할 것이다.

결국 학습은 구성원 개개인의 행위에서부터 시작되는 것이며, 이러한 개별학습 행위가 조직의 전략적 목표와 연관되어 조직 내에 확산·공유되면서 그 해당 행위 능력의 유발이 더 이상 특정 개인에게만 국한되지 않을 때(공간적 확대) 조직의 학습이 일어났다고 할 수 있다.

나. 학습조직

1) 개 념

조직의 학습 활동에 기반을 두고 있는 학습조직은 1990년대 초반부터 서구의 산업계를 중심으로 조직 혁신의 이상적인 모델로 연구되고 있는 용어이다. 학습조직이라는 용어는 Garratt(1987)와 Hayes, Clark(1988) 등이 처음으로 소개하였다. 학습조직이 새로운 환경변화에 이상적인 조직유형으로 정착된 것은 Senge(1990)가 시스템 이론에 입각하여 학습조직을 논의하면서 비롯되었다.

　이후 미국 기업들의 응급 처방적인 여러 조직 혁신 프로그램들에 대한 자체 반성과 함께 다양한 접근법들이 개발되어 일류 기업들에서 새로운 조직비전으로 자리잡아가고 있다. 현재는 기업의 노사문제, 인종갈등 해소를 위한 공동체 개발 프로젝트, 병원이나 행정기관, 교육기관 같은 비영리조직체의 조직 혁신 프로그램 등에도 학습조직의 적용이 시도되고 있다(Senge 외, 1994).

　이러한 학습조직의 도입 배경은 정보화사회의 도래, 외부환경의 급격한 변화, 조직의 경영전략의 미래 지향적 전환, 지식기반사회의 도래로 요약할 수 있다. 학습조직이란 개념이 부상하게 된 것은 1980년대 기업의 TQM(total quality management)조류와 맥을 같이하고 있다. TQM의 등장은 소비자의 요구를 반영하는 관점에서 조직을 재정의하고 조직의 관점을 조직 내의 대상뿐만 아니라, 고객과 시장으로 전환하는 계기가 되었다. 이는 다소 안정적이고 확실한 조직에서 불안정한 시장과 유동성 있는 고객으로 관심을 전환시키게 되었는데, 이런 상황적 맥락과 그것에 대한 대처방안으로 등장한 生産 管理理論들이 학습조직이라는 아이디어를 낳게 하였다(Woolis와 Finger, 1994). 그리고 조직을 평형상태가 아니라 지속적으로 변해 가는 역동적 과정으로써 이해하려는 조직론 학파의 논의도 학습조직 등장의 중요한 배경이 될 수 있다.

학습조직의 논의가 교육 분야에 일차적으로 관심을 갖게 된 측면은 크게 두 가지로 나누어 볼 수 있다. 하나는 학습조직의 구축원리와 방식을 학교조직에 적용하고자 하는 흐름이고, 다른 하나는 기업교육에서 주로 다루어온 人力資源開發(HRD)의 새로운 패러다임으로 인식하고 학습의 중요성이 부각되었다. 이러한 연구는 이론적인 관심을 실제 적용하는 문제에 초점을 두고 있다.

지금까지 내려진 학습조직에 대한 개념은 의미의 包括性 정도와 개념의 強調點에 따라 다양하게 정의되고 있다. 기업조직에서 학습에 대한 관점과 교육학에서 본 학습의 개념 간에는 기본적인 차이점이 있다. 학교에서의 학습은 전통적인 교육의 장면을 연상시키는 학문적 의미로서 학습을 통한 바람직한 행동의 변화를 추구하고 있다. 그러나 기업 내 학습의 의미는 경영 현장에서 일어나는 업무 그 자체이며, 현장에서 요구되는 성과를 얻기 위하여 능력을 배양하는 데 목적이 있는 것이다. 이에 학습조직에 대한 개념 정의가 내포하고 있는 공통점을 알아본 후 이를 토대로 학습조직의 핵심개념을 도출해 내고자 한다.

이 연구에서는 Senge(1990a), Garvin(1993), Marquardt(1996), Huber(1991), Pedler, Burgoyne과 Boydell(1991), Wishart, Elam과 Robey(1996), 유영만(1994), 박광량(1996b) 등의 선행연구에서 제시된 학습조직에 대한 정의를 살펴보고 그 정의를 제시하기로 한다.

학습조직의 선구자 역할을 한 Senge(1990)는 학습조직을 '구성원들이 진정으로 원하는 성과를 달성할 수 있도록 지속적으로 역량을 확대시키고, 새롭고 포용력 있는 사고능력을 함양하며, 집중된 열의가 자유롭게 설정되고, 학습방법을 서로 공유하면서 지속적으로 배우는 조직'3)이라고 정의하면서 조직 구성원들의 행동 특성을 강조하였다.

이와 유사하게 구성원의 역할에 관심을 둔 Leithwood(1995)는 학습조직을 공통의 목표를 위해 구성원들의 집단적인 헌신과 효율적이고 지속적인 개발을 추구하는 사람들의 집단이라고 하였다.

Garvin(2000)은 학습조직의 고유한 실천 활동이라고 할 수 있는 학습과정에 초점을 두면서 동시에 학습을 촉진하는 데 필요한 조직 구성원들의 행동변화를 제시하고 있다.4) 이것은 곧 지식을 창출하고, 획득하고, 활용하는 데 능숙하고, 새로운 지식과 통찰력을 반영하도록 행동을 변화시키는 데 능숙한 조직으로 정의하면서, 이러한 학습과정을 촉진하기 위해서 필요한 방향으로 기존의 조직 구성원의 행동을 변화시키는 데 있다.

그는 Senge(1990a)가 학습조직의 구축원리를 개인수준의 다섯 가지만 제시한 점을 비판하면서 조직수준에서의 지식의 창출 및 관리의 과정을 강조하고 있다. 더구나 그는 Senge가 학습조직의 기본 방향을 제시하였지만 개념 자체가 지나치게 추상적이고 철학적인 의미를 지니고 있어 실제 적용상에 많은 어려움이 있다는 점을 지적하였다. 또한 학습조직에 대한 생산적인 논의를 위해 이 개념에 대한 意味(meaning), 管理法(management), 그리고 測定法(measurement)의 3M을 명확히 해야 한다고 주장하였다. 학습조직이라는 개념 자체가 아직 초기 단계이

---

3) Senge(1990)는 그의 저서 『The Fifth Discipline』에서 학습조직의 기본 원리 다섯 가지를 제시하였다. 다섯 가지 원리 중 체제적 사고(system thinking)는 나머지 개인 숙련(personal mastery), 정신 모델(mental model), 비전 공유(shared vision), 팀 학습(team learning) 등 네 가지 원리를 통합하는 핵심적인 원리이다.

4) 그는 학습조직의 실천방향을 다음과 같이 제시하고 있다. ① 문제 해결을 통해 배운다. ② 실험과 시행착오를 배운다. ③ 과거의 성공 사례와 실패사례를 배운다. ④ 남에게 배운다. ⑤ 개인이 배운 지식을 조직이 공유한다.

고 그 개념을 조작해 나가는 단계임(Watkins와 Marsick, 1993)을 고려할 때, 다양성 자체가 문제가 아니고 이는 오히려 바람직한 현상일 수 있다고 지적하였다.

Marquardt(1996)는 학습조직을 '성공과 관련하여 설명하면서 학습조직을 강력하고 집합적으로 학습하며 기업의 성공을 위해 지식을 보다 잘 수집하고 관리하여 이용할 수 있도록 지속적으로 변화하는 조직'이라고 정의하고 있다. 그는 구성원들의 행동 특성을 중심으로 분석한 Senge의 이론을 학습조직체제의 관점에서 제시하였다. 즉 조직관리상의 미시적인 내용뿐만 아니라 조직학습을 지원해 주는 구조적, 문화적, 기술적 지원체제의 유기적 관계를 보여주고 있다. 또한 그는 학습이란 의미를 조직 외부환경의 변화에 능동적으로 대응해 가는 과정으로 해석하고 있다. 이것은 곧 학습 지향적인 구조나 제도의 내용이 결코 영원할 수 없다는 것을 시사하고 있다.

또한 Huber(1991)는 조직학습의 과정을 강조하며 특히 정보습득에서 활용까지의 정보경영의 실천전략에 강조점을 두고 학습조직을 설명하고 있다. 그에 따르면 학습조직을 지식획득, 정보분배, 정보해석, 그리고 조직 차원의 기억 등으로 단계별로 구분하여 설명하고 있다.

학습과 학습수준 간의 관계 논의에 기초하여 볼 때, 학습조직은 늘 새로운 학습을 일상적으로 되풀이함으로써, 위기 상황이든 아니든 관계없이 자기변화가 신속하고 효과적으로 일어날 수 있는 상태까지 이른 조직이다(박광량, 1996). Marsick과 Watkins(1996)는 학습은 전략적으로 사용되는 하나의 지속적인 프로세스라고 파악하면서, 학습조직이란 지속적으로 배우면서 조직 자체를 변형시키는 조직으로 보았다.

Pedler, Burgoyne과 Boydell(1991)은 학습조직을 '모든 구성원들이

학습 활동을 촉진시킴으로써 조직 전체에 대한 근본적인 변화를 지속적으로 촉진시키는 조직'으로 정의하였다. 그들은 생명력이 없는 기계적인 이미지인 학습조직보다는 살아 숨쉬는 이미지를 내포하고 있는 學習企業(learning company)이라는 용어를 사용하면서 동태적이고 역동적인 의미를 강조하고 있다.

Wishart, Elam과 Robey(1996)는 학습조직이란 '구성원들의 정신적 모델과 행동관행, 중요한 사업이슈에 관한 핵심적 가정들을 잠재된 상태에서 의식화할 수 있는 생태로 끌어내고 점검하며, 주기적으로 수정하여 새로운 도전에 효과적으로 대응할 수 있는 조직'으로 정의하였다. 이는 조직을 얼마나 끊임없이 스스로 혁신시켜 나가는지를 잘 설명해 주고 있다.

권석균(1996)은 지식의 창출과 이전 및 활용에 초점을 두고, 구성원 간의 공동체 의식을 강조하였다. 그에 따르면, 학습조직은 개인, 집단, 조직 등 모든 차원에서 새로운 지식창출과 전이가 자유롭게 이루어진다고 보았다.

유영만(1994)은 학습조직을 '변화하는 외부환경에 구성원들이 새로운 지식을 창조, 습득, 전파 활동을 통해 결과를 산출하고 이에 대한 비판적 분석과 성찰을 통해 미래의 비전과 전략을 체계적으로 정립하는 조직'이라 정의하였다. 그는 지식경제시대에 있어서 학습체계로써의 조직의 필요성을 외부환경변화에의 대처 능력과 조직의 내적인 성장능력 육성으로 보면서 지속적이고 집단적 학습 활동을 제시하고 있다.

박광량(1996b)은 학습조직을 '지속적인 학습 활동을 통해 위기 상황이든 아니든 관계없이 자기변화가 신속하고 효과적으로 일어날 수 있는 상태에까지 이른 조직'으로 정의하였다. 그는 조직의 핵심 역량을 늘 새롭게 구축할 수 있는 변화 역량을 갖춘 조직을 강조하고 있다.

이상의 국내·외 연구에서 제시된 학습조직의 개념을 분석해 보면 〈표-1〉과 같다.

〈표-1〉 학습조직의 정의

분류 기준	개념 요소	관련 연구자
구성원의 행동 특성	• 집단적 열망 • 역량 확대 • 사고능력 학습	• Senge(1990a) • Wishart, Elam과 Robey(1996)
조직의 지원 시스템	• 조직 지원체제의 유기적 관계 • 조직의 구조 및 시스템 강화	• Marquardt(1996) • Pedler, Burgoyne와 Boydell(1991)
학습의 실천과정	• 학습의 수행과정 • 개인 및 조직단위의 학습 활동 • 지식공유와 통찰력의 반영	• Garvin(1993) • Huber(1991) • 유영만(1994) • 박광량(1996b)

이상에서 논의한 학습조직의 개념들을 요약하면, 개인 및 조직 차원에서의 학습은 개인과 조직이 지속적으로 성장(적응, 개선, 공유)하는 상태라는 개념을 유추하여 학습조직은 지속적으로 성장하는 조직으로 볼 수 있다. 또한 학습조직은 완성된 상태를 의미하기보다는 계속적으로 변화하고 발전되어 가는 프로세스로 볼 수 있다. 이러한 학습의 과정이 한 번 일어나는 것에 그치지 않고 계속하여 반복/습관적으로 진행이 되면 결과적으로 그런 조직을 학습조직이라고 볼 수 있다.

학습조직의 개념은 인간이 가진 특성보다는 조직이 가진 특성, 즉 교육이라는 목적과 교원의 사기, 그리고 지역사회와 국가와의 관계를 고려하여 학습조직에 대한 개념을 궁극적으로는 '지속적인 成長 기능

상태'로 보며 이런 궁극적 기능을 구체적으로 환경의 적응, 조직의 개선, 그리고 지식의 공유로 정의한다.

지속적으로 성장하는 조직, 즉 학습조직을 구체화하여 정의하면 다음과 같다. 학습조직이란 학습을 통한 조직 구성원의 행동변화를 촉진시키고 학습결과를 공유할 수 있는 조직의 구조와 시스템을 조성하며, 조직의 학습과정을 통해 지식을 생성하고 축적하여, 조직의 목적달성을 촉진하는 방향으로 조직의 형태를 변화시키는 역동적인 조직이다.

2) 특 징

학습조직에 대한 개념 정의는 학자들마다 다양하지만, 학습조직은 환경과 조직의 관계에 초점을 두며, 새로운 미래에 적응하기 위해 개인학습은 물론 집단 및 조직수준에서의 학습을 통해 지식을 공유하고 활용하는 체제를 갖고 있다.

앞서 살펴본 학습조직의 정의에 의하면 학습조직에 관련된 공통적인 특징들을 발견할 수 있다.

(1) 학습조직의 기본 철학은 인간 존중을 통한 조직의 목표달성에 있다. 학습조직은 인간의 잠재 가능성을 인정하고 그들이 가지고 있는 다양한 관점과 시각을 대화를 통하여 문제를 해결하며, 이것을 조직 현장에서 실천함으로써 경쟁력을 확보하는 일종의 인간을 중시하는 경영혁신 전략이다. Marquardt와 Reynolds(1994)에 의하면 학습조직은 조직이 지향할 새로운 가치를 창조하고 그것을 실행할 능력을 발전시키며 구체적인 조직 활동의 성과를 통하여 조직과 조직 구성원 및 학습자의 만족을 지향하는 특징을 지니고 있다고 하였다.

(2) 학습조직은 자사(자신)와 타사(타인)의 經驗과 시행착오를 통

한 학습 활동을 높게 평가한다는 점에서 기존의 조직과는 구분된다. 이를 위해서는 시행착오를 범하는 과정에서 학습이 이루어지는 실수를 인정해 주는 조직문화를 수용해 줌으로써, 새로운 아이디어와 과감하고 진취적인 업무 추진 여건을 조성해 주는 효과를 가져온다. Calvert, Moble과 Marshall (1996)은 학습조직의 특징을 일곱 가지 제시하면서 실험정신 및 도전의식]을 강조하였다. 따라서 학습조직 구축을 위한 시행착오적 노력이 바로 학습조직이 되어 가는 과정이라고 할 수 있다.

(3) 학습조직은 조직 구성원들이 능력을 증대하고 그들에게 權限을 부여하는 특징을 지니고 있다. Mark, Louis와 Printy(2000)는 학습조직이 되기 위해서는 협동학습(collaborative learning)의 관점에서 교사들에게 권한을 부여하여 참여적 의사결정을 할 수 있도록 해야 한다고 강조하였다. 조직 구성원들에 권한을 부여하고 자발적으로 주인의식을 갖게 하는 것이 중요하다고 볼 수 있다.

(4) 학습조직은 현실을 이해하고 현실의 변화 방법을 탐구하는 조직으로서 성공과 실패, 장점과 단점, 당면 문제의 현실을 정확히 지각하고 적절한 비전을 설정하고 현실의 변화를 추구해야 한다. Morris (1996)는 학습조직의 특징으로 현재의 위치와 미래의 방향에 대한 명확한 비전 제시를 들고 있다. 조직의 전체적인 비전과 목표 및 가치를 제시하고 공유하는 것은 조직 구성원들에게 학습력을 신장시키는 계기가 될 것이다.

(5) 학습조직은 공식적이거나 정규적으로 이루어지는 교육 및 훈련보다는 非公式的이거나 非正規的으로 이루어지는 조직 구성원들의 자발적인 학습 활동을 강조하는 특징을 갖는다. Silins(2002)는 구성원의 행동 특성의 한 분야인 신뢰와 협력적 분위기, 위험 감수, 비전

및 목표의 공유, 전문성 신장을 위한 노력을 하나의 특징으로 제시하고 있다. 학교에서 교원의 전문성 신장의 일환으로 이루어지고 있는 각종 現職硏修는 기존에 고정화된 틀 속에서 자발적인 참여보다는 규정에 의해 행해지는 경우가 대부분이다.

(6) 학습조직은 외부의 특정 전문가를 중시하기보다는 조직 구성원 모두가 맡은 분야의 전문가가 될 수 있도록 제도적인 여건을 조성해 준다는 특징을 가지고 있다. 소수의 최고 경영자가 의사결정을 하고 나머지 조직 구성원들은 수동적으로 따라가면 된다는 사고가 아닌 모든 조직 구성원들이 학습을 통해 새로운 시각과 실천의 가능성을 확보하고, 이를 토대로 실천 – 반성 – 검토 – 재창조라는 일련의 循環的 학습 활동이 활성화되어야 한다. 이것은 곧 시스템 사고를 의미하며 Senge(1990)와 Morris(1996)의 주장이 이를 뒷받침해 주고 있다. 또한 개인, 팀, 조직단위의 학습의 유기적인 관계 형성을 들고 있다 (Calvert 외, 1996).

(7) 학습조직의 구축에 리더의 역할은 매우 중요한 사항이다. 과거의 관료제 형태에서 강조되어 온 리더십의 유형으로는 자발적인 참여를 유도하기에는 한계가 있다. 학습조직이 구축되려면, 외부 자극과 환경변화에 반응하거나 적응하는 학습도 필요하지만 조직 구성원들로 하여금 자발적으로 자기의 필요와 요구에 의해 학습하게 만드는 분위기 조성도 리더의 역할이라 볼 수 있다. 따라서 리더는 지속적인 학습모델을 가지고 있어야 하며, 구성원의 학습을 강화하고 촉진시켜야 한다.

학습조직은 강제적 또는 일시적으로 top-down식으로 구축되는 것이 아니라 어디까지나 지원자 내지는 촉진자적 역할에 머물러 있어야 한다.

(8) 학습조직을 운영하기 위한 필수적인 조건은 조직의 수평화, 즉 수평적 구조이다. 여타 조직에서 조직을 수평화하여 팀제를 운영하는

것도 궁극적으로는 학습조직을 운영하기 위한 것이다. 모든 구성원들
은 유연한 조직 구조 속에서 팀의 성과와 개인의 업적에 따라 대우를
받는다. 바로 이러한 조직 운영의 원리는 기업체와 학교와는 별 차이
가 없다. 학습조직은 조직 내에서 창조적인 변화능력을 확대하고 심
화하는 학습을 유발하고 촉진하며 효율적으로 문제 해결을 이끌어 나
가는 조직이다. 또한 탈관료제를 지향하는 조직으로서 실질적인 合理
性과 민주적인 조직 관리 전략을 강조함과 동시에 조직을 하나의 살
아 있는 유연한 유기체로 보고 있다(Marquardt와 Reynolds, 1994).

Hitt(1995)는 전통적 조직과 학습조직의 비교를 통해 학습조직의 특
징을 〈표-2〉와 같이 제시하고 있다. 그에 의하면 조직이 관료제 조직에
서 성과 위주의 조직으로, 나아가 학습조직으로 발전한다고 지적하였다.

〈표-2〉 전통조직과 학습조직

구 분	전통적 조직	학습조직
공유 비전	효과성, 효율성	탁월성, 조직변화
리더십 유형	통제자	촉진자
팀	작업집단	시너지 팀
전 략	안내 지도(road map)	학습 지도(learning map)
구 조	계층적 구조	역동적 네트워크
스 텝	지식인(people who know)	학습인(people who learn)
기 술	적응 학습	생성 학습
측정체계	재정보고	균형 잡힌 득점표

자료: Hutt(1995), The learning organization some reflections on organizational renewal. Leadership & Organization Development, 16(8), 19.

Birker(1998)는 전통적인 관료조직과 학습조직을 Senge의 다섯 가
지 원리를 적용하여 구분하였는데, 학습조직의 개념을 임기응변의 해

결책이 아닌 과정으로 인식하고 있다는 점이 전제되었다.

교원조직을 전문성이나 전문교과를 중심으로 점진적으로 學年 및 教科中心의 팀제를 발전시키고, 수평조직으로 변화시켜야 한다. 지금 교내에서 교과별 연구회나 기타 자생적이고 자율적인 조직도 점진적으로 학습조직화하는 전략을 수립하여 실천할 필요가 있다.

(9) 학습조직은 결과의 성격보다는 진행의 과정으로 본다. 과정을 중시하는 학습조직의 특징 중 意思疏通은 중요한 기능을 한다. 학교조직은 조직의 특성상 교과 및 학년 간 또는 개인 간 의사소통이 단절되어 있다. 학습조직의 구조적 특성은 상호 교류성, 유연성, 그리고 긴밀한 네트워크이다. 이러한 조직은 모든 경계선을 개방시키고 정보의 흐름을 최대화하는 개방적인 의사소통을 특징으로 하고 있다. 하지만 거의 대부분의 조직은 빈약한 의사소통 체계로 인해 생동적인 학습이 불가능하다.

(10) 학교는 지식기반사회에 적응할 수 있는 환경의 기본 틀을 갖추어야 한다. 학교 환경에 필요한 최소한의 정보 인프라, 학습 인프라, 정신적 인프라를 갖추어야 한다. 따라서 Morris(1996)는 네트 워킹(개인적이고 기술에 의해 지원되는)은 업무의 효율화를 기하며 신속한 학습을 전개할 수 있다. 학습조직의 정보와 정보 시스템은 그것을 사용하는 사람들에게나 그것을 사용하는 방식에 있어서나 정확하고 시기적절하며 사용 가능한 것이어야 한다.

(11) 학습조직은 지식의 창출, 공유 및 활용이 뛰어난 조직으로 조직 내부의 상황과 외부환경을 선험적 혹은 경험적으로 지각하고 당면한 문제 해결을 위하여 지식을 창출하여 관련된 사람들과 집단이 공유하며 효과적으로 활용하는 데 뛰어난 조직이다(Marquardt와 Reynolds, 1994).

(12) 학습조직은 일정한 활동을 한 후, 특정 시점에서 종료되는 경영혁신기법이 아니라는 점이다. 학습조직은 끊임없는 학습과정을 통한 지속적인 변화이므로 학습조직은 완료형 시제가 될 수 없다. 따라서 학습조직은 지속적인 학습이 이루어지는 조직으로 벤치마킹이나 리엔지니어링처럼 그 목표를 달성하고 끝낼 수 있는 혁신기법은 아니다.

(13) 학습조직은 가시적으로 나타나는 단기적인 효과보다는 장기적인 측면에서 조직 구성원 전체의 학습력 신장을 통한 조직의 경쟁력 확보에 더 관심을 갖는다. 학습조직은 장기적인 측면에서 조직의 역량을 향상, 구축하기 위하여 생산적이고 창조적인 조직을 만들어가는 경영혁신기법이라 할 수 있다.

이상과 같이 제시한 학습조직의 특징을 요약하면 〈표-3〉과 같다.

〈표-3〉 학습조직의 특징

학습조직의 특징
• 학습자 지향적이다.
• 상호 협력과 신뢰를 강조한다.
• 대화와 토론문화를 강조한다.
• 경험에서 학습할 수 있는 기회를 제공한다.
• 실험과 도전정신을 중요하게 여긴다.
• 변화를 적극 수용한다.
• 구성원들에게 권한을 부여하며 참여적 의사결정을 수행하도록 한다.
• 구성원들이 조직의 비전, 목적, 가치를 공유한다.
• 전문성 개발을 위해 지속적으로 노력한다.
• 조직의 연관관계를 중시한다.
• 조직을 살아서 성장하는 유기체로 바라본다.
• 책무성과 피드백을 강조한다.
• 조직을 체제적인 관점으로 인식한다.
• 리더가 학습 촉진자가 되도록 한다.
• 탈관료제적 구조를 지향한다.
• 조직의 유연성과 수평적인 조직 구조를 강조한다.
• 개방적인 의사소통이 이루어진다.
• 지식을 공유하고 활용하는 시스템이 있다.
• 성장을 위한 기회로 불확실성을 이용한다.
• 연속적인 학습을 강조한다.
• 예기치 못한 일을 학습의 기회로 삼는다.
• 비공식적으로 이루어지는 학습을 중시한다.

3) 기본 체계

급속한 사회 환경의 변화에 따라 개인은 물론 조직 차원에서도 지속적인 학습이 요구되고 있다. 특히 조직의 학습은 변화에 대처할 수 있는 조직의 변화 방향을 설정해 준다는 점에서 의의가 있다. 학습이라는 기재를 통하여 변화하는 환경에 적응하려는 조직체의 생존전략으로 학습조직의 기본적인 개념은 학습이며 그러한 학습이 조직에서도 이루어진다. 조직에서의 학습은 조직을 구성하는 기본단위인 개인과 집단 및 팀과 조직 전체의 수준에서 개인학습, 팀 혹은 집단학습, 그리고 조직학습의 형태로 이루어진다.

個人學習(혹은 個別學習)은 조직의 가장 기본이 되는 조직 구성원 개개인이 주체가 되어 수행하는 모든 학습을 말한다. 개인학습의 유형으로는 자기관리 차원에서 실시하는 학습, 동료로부터의 영향에 의한 학습, 컴퓨터 활용을 통한 학습, 매일 매일의 경험을 통한 학습, 프로젝트의 특별한 과제해결을 위한 학습, 그리고 개인적인 통찰력의 배양과 같은 것들이 있다(Marquardt, 1997). 따라서 개인학습은 개인 차원에서 전개되는 모든 배움의 활동이며, 이러한 개인학습의 결과로 얻어진 조직 구성원의 경험, 새로운 사실의 발견, 그리고 그 결과에 대한 해석 활동이 모든 조직 구성원들에 의해 공유될 때 조직학습이 이루어졌다고 말할 수 있다. 개인학습은 조직의 학습을 위해 필요한 기본적인 조건이긴 하지만, 그것만으로 조직의 학습이 완성되는 충분 조건은 아니다.

집단 및 팀 학습은 집단 또는 팀 등 조직의 하위 단위들에 의해서 수행되는 모든 학습을 말한다. 집단학습은 경험의 공유를 통해서 가장 빈번히 이루어진다. 集團學習은 집단이나 팀의 구성원들이 추구하는 학습과 그 성과를 창출하기 위해 집단의 능력을 개발하고 조정하는 과정에 중점을 두고 있다.

組織學習은 우선 학습조직을 구축하기 위한 조직 차원에서의 지속적인 학습 활동을 의미한다. 따라서 조직학습은 과정의 개념이며 학습조직은 결과의 개념이다. 그러나 결과로서의 학습조직 개념은 모든 조직학습 활동이 영원히 종료된 시점에서 최종적으로 나타나는 것이 아니라, 다음 단계의 학습 활동을 전개하기 위한 중간 결과물이라는 사실이다(유영만, 1995). 조직학습은 개인학습과 연관되지만, 개인학습의 단순한 합으로 조직학습이 이룩되지는 않으며 조직학습이 곧 학습조직을 가져오지는 않는다는 점이다. 조직학습은 조직 전체의 전략과 시스템 차원에서 이루어지는 것이다.

Ray Stata는 조직학습은 다음과 같은 두 가지 측면에서 개인 및 집단/팀 학습과는 다르다고 주장한다(Marquardt와 Reynolds, 1994).

첫째, 조직학습은 구성원들 사이에서 공유된 통찰력과 지식 및 정신 모델을 통해 발생한다.

둘째, 조직학습은 전체 조직이 축적한 과거의 지식과 경험, 즉 정책·전략·분명한 모델과 같은 교육적 메커니즘에 의존하는 조직의 기억력을 바탕으로 이루어진다.

① $\sum$개인학습$\neq$집단학습, $\sum$집단학습$\neq$조직학습(단순한 합이 아님)

② 학습: 問題 解決力 증진(Learning $>$ Training)

따라서 개인학습, 집단/팀 학습, 조직학습은 상호 밀접한 관계를 갖는다. 개인학습은 집단학습을 일어나게 하고, 집단학습은 조직학습이 일어나게 하는 요소가 되며, 개인학습이 직접 조직학습에 연결되기도 한다.

또한 조직학습이 개인학습이나 집단학습을 촉진하고 지원하기도 한다.

 이상과 같이 학습조직은 조직 전체의 차원에서 지식이 창출되고 있으며 이에 기초하여 환경 적응력과 경쟁력을 증대시켜 가는 조직 자체를 일컫는다. 따라서 학습조직은 [그림-1]에서와 같이 개인학습, 집단 및 팀 학습, 조직학습의 활성화를 통해서 복합적으로 이루어진다.

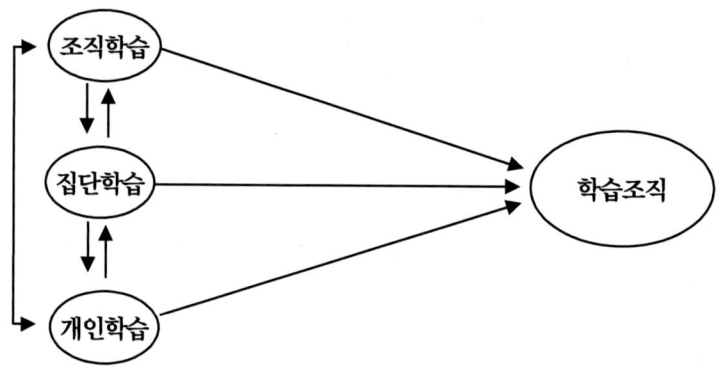

자료: 권석균(1996b). 학습조직의 이론과 실제. 삼성경제 연구소, 31.

[그림-1] 학습조직의 기본 체계

2. 학습조직과 관련 개념

가. 학습과 지식

 學習이란 유기체가 생명을 유지해 가는 필수적인 과정이라 할 수 있다. 모든 생명과정은 생태적 순환체계를 기본으로 하고 있다는 입장에서 보면, 인간의 학습은 외부의 지식과 정보를 지적으로 소화하고 자신의 기존 경험을 갱신(renewal)하며 새로운 자아 및 자아와 환경의 관계를 이해하는 데 필요한 지식을 생산해 내는 생명의 필수 과정이다(한숭희, 2002).

일반적으로 학교는 학습이 이루어지는 대표적인 조직으로 여겨진다. 이때의 학습은 주로 학생들에 의해 이루어지는 학습을 의미한다. 그러나 본 연구에서의 학습과 지식관리는 학생을 주체로 보는 것이 아니라 학교조직의 구성원 중에서 특히 교원과 학교 행정가들을 주체로 보는 것이다. 학생의 학습은 학교가 존재하는 목적이라고 할 수 있지만, 학생의 학습효과를 높이기 위해서는 학교조직수준에서의 학습이 이루어져야 하며, 그것은 학교 구성원들이 학습한 결과라고 할 수 있다.

Nonaka와 Takeuchi(1995)는 지식과 정보의 차이점을 다음 세 가지로 구분한다. 지식의 특징으로 첫째는 지식은 단순한 정보와는 달리 믿음이나 약속에 관한 것이라는 점이다. 지식은 특정한 자세·전망·의도의 기능을 갖고 있다. 둘째, 지식은 정보와 달리 행위에 관한 것이다. 셋째, 지식은 의미에 관한 것으로 내용 지향적이며 내용과 상관관계를 맺고 있는 것이다.

정보와 지식은 혼용되어 사용되기도 하지만 분명한 차이가 있다. 정보는 하나의 차이를 만들어내기 위한 다수의 차이점들로 구성된다. 정보는 사건이나 대상을 해석하기 위한 또 다른 견해를 제공하며, 이전에는 볼 수 없었던 의미를 볼 수 있게 하고, 예상치 못했던 연관관계에 빛을 던진다. 따라서 정보는 지식을 구체화하고 구축하기 위한 매체이자 재료라고 할 수 있다.

정보와 지식은 모두 내용 지향적이며 상황과 밀접한 관계를 맺고 있어 사람과 사람 간의 사회적 상호 관계 속에서 역동적으로 생성된

다. 일정한 정치·사회적 환경에서 상호 작용하는 사람들은 정보를 공
유하여 사회적 지식을 하나의 실재로 구축하게 되는데 이 지식은 다시
역으로 그들의 판단·행동 및 태도에 영향을 미치게 되는 것이다.

윤순봉(1999)은 지식의 속성과 지식 활동의 특성을 다섯 가지로 나
누어 설명하고 있는데 이를 요약하면 〈표-4〉와 같다. 전통적으로 생
산요소로 여겨지던 토지, 노동, 자본 등은 구체적이고 물리적인 데 비
해 지식은 창출과 습득이 추상적이고 어렵다. 전통적인 생산요소는
비용체증, 수확체감의 법칙이 적용되는 데 비해 지식은 비용체감, 수
확체증의 법칙이 적용된다. 형태가 없고 사용을 통해 소멸되지 않기
때문이다. 지식은 무형의 자산이기 때문에 완전히 어느 한 조직에 귀
속되기 어려우며 습득 주체의 판단에 따라 손쉽게 이전되고 공유가
가능하다고 할 수 있다. 지식은 단위, 부문, 주제 등 특정 기준으로
분류하는 데 한계가 있다. 다른 분야의 지식과 융합이 빈번하게 발생
하고 있을 뿐 아니라 학제 간 경계를 넘어서 통용된다. 기존 자원을
활용한 부가가치 활동에는 연령상 제한이 있으나 지식창조 활동은 연
령의 제한이 없다고 할 수 있다. 신체 부자유자나 고령자들도 지식을
창조할 수 있으며 어린 아이도 마찬가지라고 할 수 있다.

〈표-4〉 지식의 속성 및 지식 활동의 특성

지식의 속성	지식 활동의 특성
무형(invisible)	형체가 없는 만큼 지식의 습득, 창출, 평가가 쉽지 않음
무한대(infinite)	수확체증의 법칙이 작용하고 선점자가 전부를 가지는 경향
무귀속(co-existent)	완전한 공공재도 완전한 사유재도 아닌 중간적 성격 보유
무경계(borderless)	지식을 단위별·부문별로 뚜렷하게 구분하는 것이 불가능
무연령(non-aging)	이전과 축적을 통해 새로운 지식으로 창출되는 생명주기

자료: 윤순봉(1999). p.9.

　Nonaka(1998)는 지식의 유형을 언어나 형상으로 표현이 가능한 형식지(Explicit Knowledge)와 그렇지 않은 암묵지(Tacit Knowledge)로 구분하고 있으며, 암묵지에서 형식지로, 그리고 형식지에서 또 다른 암묵지로의 변환과 생성과정을 나타내고 있다.

　暗黙知는 개인적으로 지니고 있는 지식으로 경험과 직관에 의해 생성되고 저장되며, 지식의 전수나 공유가 어려운 보이지 않은 형태로 존재하는 지식이다. 반면에 刑式知는 눈에 보이는 자료나 정보의 형태로 존재하며, 숫자, 언어, 도형, 형상 등으로 표시할 수 있는 지식이다. Nonaka는 인간의 지식이 암묵지와 형식지로 나뉘어 서로 배타적으로 따로 존재하는 것이 아니라, 사회적 상호관계를 통해 전수되고 확장되며, 새롭게 창출된다고 가정하고 있다(Nonaka와 Takeuchi, 1995). 그리고 이러한 상호 작용이 1) 암묵지를 암묵지로 전환하는 사회화(Socialization), 2) 암묵지를 형식지로 전환하는 외부화(Externalization), 3) 형식지를 또 다른 형식지로 전환하는 종합화(Combination), 4) 형식지를 암묵지로 전환하는 내면화(Internalization)의 변환과정으로 이어지는 SECI 모형을 제시하고 있다.

　암묵지의 창출과 전수, 그리고 공유는 개인과 개인 사이에서 발생하는 경험과 관찰, 모방과 신체언어, 직관적 깨우침 등에 의해 이루어진다. 따라서 이러한 암묵지의 공유를 통해 새로운 암묵지를 얻기 위해서는 신뢰와 존경이 교감되는 상호작용의 장(ba)이 구축되어야 한다.

　암묵지를 형식지로 전환하는 외부화 과정에서는 생각이나 경험을 개념화하고 코드화하는 노력이 수반된다. 이는 집단에 속한 개인들이 대화와 토론의 과정을 거쳐 이미지를 형상화하고 모형화하며, 은유와 유추의 사고과정을 통해 표출해내는 지식이다(서정해, 2001).

형식지를 또 다른 형식지로 전환하는 종합과 과정은 습득된 지식을 본류하거나 가공, 조합, 편집 등을 통해 이루어지며, 정보통신기술을 기반으로 조직 내의 집단들을 연결시키는 지식경영시스템의 구축을 통해 체계적인 지식축적과 활용이 가능하다.

마지막으로 형식지를 암묵지로 전환하는 내면화 과정은 실험이나 실행을 통해 이루어지는 학습(Learning by Doing)과정이며, 개인, 집단, 조직의 모든 수준에서 시뮬레이션, 강의, 실험과 개발 등 다양한 형태의 학습과정을 통해 확산된다. 지식의 습득과 이해를 통해 새로운 지식에 대한 통찰(Insight)을 이끌어 내는 지혜의 생성과정을 의미하며, 실제로 필요한 운용적 지식의 창출이다.

조직의 지식이 중요하다고 강조하는 주장들이 많이 있어 왔지만 지식을 창조하는 방법과 과정에 대한 연구는 적었다. Nonaka와 Takeuchi는 조직의 지식을 인식론적 차원과 존재론적 차원에서 나누어 살펴보고 있다.

우선 존재론적인 측면에서 보면 지식을 창조하는 것은 개인이다. 따라서 조직은 개인이 없이는 지식을 창조할 수 없다. 조직은 창조적인 개인을 지원하여 이들이 지식을 창조할 수 있는 기반을 제공한다. 따라서 조직의 지식창조는 개인이 창조한 지식을 조직적으로 증폭하여 조직 지식망의 일부로 구성함으로써 이루어진다. 이 과정은 조직의 내·외부 및 조직 간의 구분을 넘어 확장된 상호 작용의 범위 내에서 이루어진다.

인식론적인 차원에서 Polanyi(1967)는 지식을 '암묵지(tacit knowledge)'와 '형식지(explicit knowledge)'로 구분하였다. 암묵지는 개인적이며 상황 중심적인 지식이므로 공식화하여 상호 교환하기 어려운 특성을 갖는다. 반면에 형식지는 구체적이거나 성문화된 지식으로 공식적이고 체계적인 언어로 전달 가능한 지식을 말한다. 인간의 인식에 있어서 암묵지의 중요성을 강조한 Polanyi는 인간은 자신의 경험을 창조·구성하는 가운데 지식을 체득할 수 있다고 주장하였다. 따라서 말이나 숫자로 표현할 수 있는 지식은 지식 전체를 놓고 볼 때 빙산의 일각에 불과하다. Polanyi의 견해로는 인간은 말로 표현할 수 있는 것 이상의 것을 알 수 있다는 것이다.

전통적인 인식론에 의하면 지식은 인식의 주체와 객체를 분리함으로써 얻어진다. 또한 인간은 인식의 주체로 외부 객체를 분석함으로써 지식을 습득한다. 그러나 Polanyi에 의하면 인간은 스스로 자기 참여와 실천, 소위 내재함(indwelling)을 통해 스스로 객체에 참여함으로써 지식을 창조한다. 어떤 것을 '안다'함은 객체를 암묵적으로 상호 결합시킴으로써 이미지나 양식 등을 창조하는 것이다. 지식의 인식론적 형태인 암묵지와 형식지를 요약하면 〈표-5〉와 같다.

〈표-5〉 지식의 인식론적 형태

암묵지(주관적)	형식지(객관적)
○ 경험(신체)의 지식	○ 합리적(정신)의 지식
○ 동시대적(현재 여기의) 지식	○ 순차적(그때 거기의) 지식
○ 아날로그적(실용적) 지식	○ 디지털(이론적) 지식

암묵지는 경험적 지식에 속하고, 형식지는 합리적 지식에 속한다. 경험 지식은 암묵적·물리적·주관적인 경향이 있고, 합리적 지식은 구체적·형이상학적·객관적인 경향이 있다. 암묵지는 특정한 실재 환경 속에서 '현재 바로 여기에서' 생성되어 소위 아날로그적인 특성

을 갖는다. 의사소통을 통해 개인 간에 암묵지를 공유하는 것은 일종
의 아날로그적인 방법으로, 여기에는 개인이 공유하고 있는 복잡한
문제를 동시적으로 처리하는 과정이 필요하다. 반면에 형식지는 '그때
거기서 발생했던' 과거 사건 또는 객체에 관한 것이며, 대상으로부터
자유로운 이론을 지향한다.

암묵지는 하나의 사물, 즉 '결과로서의 지식(knowledge)'이 아니라
개인의 주관적 경험과 분리될 수 없는 '과정으로서의 지식(knowing)'
을 말하는 것으로 지식을 구성과 창조의 과정이라고 보는 구성주의의
관점을 반영하는 것이라 할 수 있다.

나. 지식경영 이론

지식경영 이론은 기존의 학습조직 이론이 실제 사례에의 적용이
활발하지 못한 것에 대한 비판으로 비교적 최근에 등장하였다(유영
만, 2001). 지식경영에 대한 많은 학자들과 실무자들의 활발한 논의에
도 불구하고 아직 명쾌하게 정의되지 못하고 많은 이견이 존재한다.

Drucker(1993)는 미래 기업의 기본적인 경제 활동의 원천과 생산
요소는 자본, 토지, 노동이 아닌 지식이다. 지식은 전통적인 생산요소
와 같은 또 하나의 자원이 아니라 오늘날 유일하게 중요한 자원이라
고 주장하였다.

포스코 경영연구소(1998)는 지식경영은 조직이 지니는 지적 자산뿐
아니라 구성원 개개인의 지식이나 노하우를 체계적으로 발굴하여 조
직 내부의 보편적인 지식으로 공유하고, 이의 활용을 통해 조직 전체
의 성과를 향상시키는 경영이라고 정의하였다. 지식경영은 조직의 경

영에 있어서 지식을 가장 핵심적이 요소로 판단하여, 이를 중심으로 조직을 구성하고, 경영의 전략을 수립하는 것이라 할 수 있다.

O'Leary(1998)는 지식경영을 지식과 연계되는 사람과 조직을 원천으로 하여 지식을 사용 가능하도록 변환해 내는 과정으로 정의하였다. 즉 데이터베이스, 문서, 정책 및 절차 그리고 조직의 개개인들이 보유한 전문지식과 경험을 포함한 정보자산의 파악, 획득, 검색, 공유 및 평가를 수행하는 통합적인 접근법으로서 지식경영을 정의하고 있는 것이다(이건창, 1999).

Garvin(1999)은 지식경영을 학습조직과 동일한 것으로 파악한다. 그에 의하면 학습조직은 체계적으로 문제를 해결하고, 새로운 접근법으로 실험하며, 자신의 경험과 과거 역사에서 배우고, 타 기업의 성공에서 학습하며, 지식을 조직 전체로 신속하고, 효율적으로 전파하는 조직을 의미한다. 이러한 학습조직을 구축하기 위한 경영방식을 지식경영으로 보는 것이다.

Nonaka(1999)는 불확실한 사회에서 유일하게 변하지 않고 경쟁 우위를 지속시켜 주는 단 한 가지 확실한 원천이 지식이라고 지적하였다. 지속적으로 새로운 지식을 창출하고, 창출된 지식을 조직 전체로 파급시켜서 신기술과 조직의 성과에 신속히 반영하는 것이 성공의 비결이라는 것이다. 이러한 활동들이 지속적인 혁신에 관심을 두는 조직이 바로 지식창조 기업의 특징이라는 것이다. 지식경영은 기업에서 구성원들이 갖고 있는 지식과 정보를 공유하고 새로운 지식을 창조하도록 장(場)을 만들어주는 것으로 정의하였다.

지식경영은 결국 지식을 위한 경영, 지식에 의한 경영, 그리고 지식 그 자체를 경영하는 것으로 볼 수 있다(이건창, 1999). 이와 같이 여러 학자들에 따라 조금씩 다르게 정의되고 있지만 여러 학자들의 지식경영에 대한 정의내용을 통합하여 환경, 목적, 범위, 그리고 방법이라는 측면들을 통합하여 새롭게 정의할 수 있다(김경수 외, 2003). 조직들이 지식경영에 관심을 기울이게 된 것은 급격한 사회적 변화, 경쟁의 심화 및 정보통신기술의 발전과 같은 외부환경의 변화와 그에 대응하려는 기업들의 노력으로 지식경영을 추구하게 되었다. 지식경영의 목적은 변화하는 환경 속에서 조직이 생존과 유지를 위하여 지식의 생성, 저장, 공유, 활용을 통해 상황에 적합한 활동을 유지하기 위해 지속적인 혁신을 하는 것이며, 최종적으로 지식을 활용하여 서비스, 시스템으로 형상화시키는 것이라고 할 수 있다. 지식경영의 범위는 현재 조직이 보유하고 있는 지적 자산의 관리뿐만 아니라 앞으로 창조하고 생성하는 지식과 정보를 포함하며, 조직수준뿐 아니라 조직의 구성원이 보유한 지식과 경험도 포함하는 것이다. 이러한 지식경영을 촉진하기 위하여 조직 구성원들이 개인수준, 팀 수준, 조직 수준에서 학습이 활발하게 이루어지도록 하고, 지식을 체계적으로 관리하는 시스템을 개발하여 활용해야 한다.

　그 밖의 학자들의 지식경영에 대한 정의를 정리하면 〈표-6〉과 같다.

<표-6> 지식경영의 정의

정의자	정 의
APQC (1996)	지식을 창출하고, 발굴하고, 모으고, 개조하고, 구성하고, 응용하고, 공유하는 것
Heust et al. (1997)	조직의 학습능력을 향상시키기 위해 지식프로세스를 능률화하는 것
Malhotra (1997)	정보기술의 데이터 처리능력과 인간의 창의적, 혁신적 능력의 시너지스틱 통합을 추구하는 조직적 프로세스를 구체화하는 것
Wielinga et al. (1997)	조직의 지식자산을 설명하고 관리하고 지식자산의 보존과 확장을 인도하는 프로세스의 집합
Wiig (1997)	기업의 성장력과 성공을 확보하기 위해 인텔리전트하게 행동하도록 만들거나 기업의 지식자산 가치를 극대화하는 것
Davenport et al. (1998)	지식창고를 구축하고, 지식에 쉽게 접근할 수 있도록 하고, 지식창조·이전·사용을 촉진하는 지식환경을 제고하고, 지식을 자산으로 관리하는 것
Ruggles (1998)	조직 내 혹은 조직 밖에 있는 노하우, 경험, 판단을 보다 적극적으로 활용하여 가치를 더하거나 혹은 창조하기 위한 접근

자료: 김영수 외(1999), p.364.

요컨대 지식경영이란 불확실하고 급격하게 변화하는 환경 속에서 창의적이고 상황에 적합한 조직의 활동을 위하여 조직이 보유하고 있는 모든 지식과 정보가 원활하게 생성, 저장, 공유, 활용될 수 있도록 관리하는 시스템을 구축하고 구성원들의 학습의 장(場)을 마련해 주는 것이라고 할 수 있다.

다. 학습조직과의 관계

최근 조직혁신과 변화관리를 수행함에 있어서 새로운 조류인 지식경영과 학습조직이 학계는 물론 기업에서도 관심의 대상이 되고 있다. 학습조직이 조직의 변화와 혁신에 이상적인 방법론으로 등장하게 된 것은 Senge(1990)가 시스템이론에 입각한 '제5의 수련'을 출간하면서부터라는 주장이 설득력을 얻고 있다(박광량, 1996). 앞서 제시한 Nonaka(1999)의 지식경영에 대한 정의를 살펴보면 학습조직과 지식경영의 두 이론은 상호 공유되는 부분이 많다. 조직의 변화와 혁신을 위한 지식의 창출과 공유과정이라는 점에서 견해가 일치된다. 지식경영에서 강조하는 지식의 창출과 공유는 학습과정을 통해 이루어진다. 결국 지식과 학습은 동전의 양면이며, 지식경영과 학습조직은 조직변화와 혁신의 양 수레바퀴에 해당된다. 다만, 지식경영이 창조적 과정과 조직설계를 강조하는 것이 특징이라면, 학습조직은 조직행동의 변화를 강조하는 것이 다른 점이라 하겠다. 즉, 지식경영은 창조성의 우위를 통한 경쟁력의 확보를 추구하는 반면, 학습조직은 선행적 변화관리를 통해 생존력의 우위를 확보하는데 중점을 두고 있다고 하겠다. 두 가지 관점은 동일한 내용을 개념정의에 포함시키고 있다.

지식경영과 학습조직의 기본전제로 논의되고 있는 각각의 관점을 비교해 보아도 전혀 다른 논거가 아니다. 〈표-7〉과 같이 두 개념은 모두 조직 구성원들의 창조적 욕구가 전제되어야 하며, 비전이나 사고의 유형 또는 감정적 원동력 등이 자유롭게 표출되고 공감되는 조직의 구축이나 변화를 필수요건으로 제시하고 있다. 다만 두 패러다임을 구성하고 있는 핵심 개념들이 다소 다른 듯 보이지만, 이들도 상호 연계된 맥락을 지니고 있다. 지식창출을 위한 사회화, 외부화, 내면화 등은 이미 조직행동 연구에서 오래 전부터 다루어져 온 개념들이며, 창조성과 관련하여 재구성한 모형으로 평가된다.

두 이론 모두 변화와 혁신과정의 핵심성공요인으로 조직문화의 변화에 초점을 맞춘 점도 공통적이다. 지식경영이 성공적으로 정착되기 위해서는 정보기술과 인프라, 그리고 학교문화의 정합성(fit)을 강조하고 있으며, 학습조직의 구축도 비전, 전략, 구조, 문화의 연계와 균형(linkage and alignment)을 강조한다. 따라서 지식경영과 학습조직은 별개가 아니며, 지식경영은 학습조직의 역량구축에서 출발되어야 한다. 개인, 집단, 조직의 수준에서 학습이 공유될 때 창의적 역량을 발휘할 수 있는 지식경영이 구축될 수 있다는 순환적 인과관계의 시스템 사고를 지니는 것이 필요하다.

〈표-7〉 학습조직과 지식경영의 비교

구 분	학습조직	지식경영
1. 정 의	선행적으로 지식을 창조하고, 습득하고, 변환시키며, 이렇게 얻어진 새로운 지식과 통찰력에 바탕을 두고 조직의 행동을 변화시켜 나가는 조직	지적자원을 가치로 전환하는 창조적 과정으로 지식의 획득 또는 창출, 확산, 공유, 재창출을 통해 조직의 생존력과 경쟁력을 제고하려는 일련의 조직과정
2. 기본전제	조직의 구성원들이 스스로 원하는 것을 창조할 수 있는 역량을 끊임없이 확장해 나갈 수 있고, 서로의 열려진 사고의 유형들이 존중되고 배양되며, 집단적 열망이 표출될 수 있는, 그리고 어떤 것이 학습인가를 지속적으로 배워가는 조직	창조적 지식을 창출하기 위해 구성원의 창조적 욕구를 자극하고, 감정에서 우러나는 원동력을 이끌어 낼 공유비전이 제시되는 경영
3. 핵심개념	• 시스템 사고 • 공유비전 • 사고모형 • 자아완성 • 팀학습	형식지와 암묵지의 전환과정 • 사회화 • 외부화 • 종합화 • 내면화
4. 핵심성공요인	시스템 사고를 통한 비전, 전략, 구조, 인적자원의 연계성과 통합을 위한 조직문화 구축과 변화관리	지식관리를 위한 정보 인프라와 지식 창조를 위한 조직문화 구축
5. 공통점	• 학습과 지식창조는 동전의 양면: 변화관리와 창의성 경영의 핵심기반 • 학습조직의 역량구축에서 지식경영이 출발되어야 개인, 팀, 조직 전반에서 학습이 공유될 때 지식경영이 성립됨	

자료: 손태원(1999). 경제논총. 명지대학교 경제연구. 제18집.

3. 학습조직의 개념모형

학습조직은 체제적 사고라는 큰 틀에서 학습과 조직 자체가 갖는 해결력을 제시하고 있으며, 그 룰에 대한 처방과 시도를 분리하지 않는다. 즉 조직 구성원들의 학습력을 증대하는 방안과 조직을 통한 지원체제 구축 방안이 분리되지 않는다는 점에서 학습과 조직을 전체적인 시스템 사고라는 統合的 시각에서 접근해야 할 것이다. 따라서 이 연구에서는 학습조직의 구성요소를 분석하여 요소들 간의 역학적 관계를 도식화하여 이를 학습조직의 개념모형으로 보고자 한다.

가. 개념모형의 접근

조직의 변화는 환경의 변화와 맥을 같이한다. 사회 환경의 변화에 따라 조직이 안정을 유지하기보다는 적극적인 변화에 비중이 더해지고 있다. 기업을 중심으로 한 경영조직은 변화를 조직의 생존전략과 결부시켜 그 중요성을 인식하고 있으며, 교육조직에서도 학교를 중심으로 변화의 필요성이 부각되고 있다. 조직체제로서의 학교가 지속적으로 발전하고 변화를 수행하기 위해서는 체계적인 학습을 통해 가능할 것이다. 학습을 통해 조직의 변화를 시도한 연구는 지식기반사회와 평생학습사회의 시대적 요구에 비추어 볼 때 주요 관심사가 되고 있다.

학습조직에 관한 이론과 연구 관점은 학자에 따라 다양하게 정의되고 적용되고 있다. 心理學을 중심으로 한 개인학습이론과는 달리 조직학습은 여러 현상과 관련하여 조직 구성원들의 행동변화를 槪念化하고 理論化하는 데 있다. 조직학습은 March, Simon, 그리고 Cyert

등에 의해 고전적 연구로부터 근래에 이르기까지 비판과 연구가 계속
되었다. 그래서 조직의 환경에 적응을 통한 행동의 변화보다는 조직
구성원들이 공유하고 있는 기본 가정이나 신념 및 지식체계의 변화를
조직학습의 과정으로 파악하고 있다(권석균, 1996).

한편 경제학적인 접근법을 채택하고 있는 일부 학자들은 조직 구
성원들의 累積的인 經驗(cumulative experience)의 양이 조직 전체
수준에서 지식과 능력의 축적에 직접적으로 기여한다고 주장한다.

Shrivastava(1983)는 학습유형에 따라 환경 적응적 관점, 가정공유
관점, 행위 - 결과에 대한 지식개발 관점, 제도화된 경험관점으로 분류
하고 있다. 또한 Lant와 Mezia(1996)는 '비연속 변화 관리(Managing
discontinuous change)'의 연구에서 조직이론의 주요 관점으로 선택
관점, 적응 관점, 제도적 관점을 들고 있다.

학습조직 관점에 대한 이론을 분석·종합해 보면 지식공유 관점,
환경 적응 관점, 경험효과 관점, 학습체제 관점, 통합적 관점으로 분
류할 수 있으며, 구체적으로 살펴보면 다음과 같다.

1) 지식공유 관점(knowledge sharing perspective)

지식공유 관점은 실제로 사용하는 조직의 실용이론(theory-in-use)
혹은 행동이론(theories of action)이 지식공유와 조직 구성원들의 인
지도(cognitive map)를 통해 형성된다. 지식공유 과정으로써 학습조
직을 개념화한 최초의 연구는 Argyris와 Schon(1978)이다. 이들은 연
구의 초점을 조직 자체 수준에서의 인지적, 신념적 체계의 변화에 두
고 있다. 즉 조직에는 조직 구성원들의 행동을 안내해 주는 공유된
행동 이론이 존재하는데 조직 구성원들의 학습이 이러한 조직수준에

서의 이론체계에 변화를 초래할 조직학습이 일어난다고 보았다. 인지의 변화가 개인수준에서만 일어난다고 보는 March와 Olsen의 견해와는 달리 조직수준의 認知體系 變化가 조직학습의 가장 중요한 열쇠라는 점이 강조되고 있다. 조직학습 연구에서 일종의 인식론적인 전환이 이루어지고 있는 셈이다.

한편 Duncan과 Weiss(1979)는 위의 개념을 발전시켜 조직 차원의 학습은 개인의 지식체계에 대응하는 조직의 지식체계(organizational knowledge)에서의 변화과정이라고 하였다. 즉 개인의 경험, 발견, 해석 등이 조직 내 공유과정(processes of sharing)을 통해 형성되는 조직의 지식체계가 개인학습과 조직학습을 구별시켜 주는 가장 중요한 기준이 되고 있다.

따라서 지식공유 관점은 최근까지도 관심 있게 접근하는 개념으로 연구자에 따라 설명 방식에 다소 차이를 보이고 있으나 공통적으로 기억, 의미, 이미지, 정신모형 등을 사용하여 공유된 인지체제로 파악하고 있다. 그러나 인지적 정신모형을 사용하면서도 지식개발이나 창출을 고려하지 못하고 있다. 또한 조직의 학습에 의도적인 개입을 강조함으로써 자발적이고 창조적인 학습보다는 정치적, 관료적인 조직의 조정자에 의해 이루어지는 경직성을 지니고 있다.

2) 환경 적응 관점(environmental adaption perspective)

환경 적응 관점은 조직과 환경 간의 適合性(fit)을 확보하기 위한 새로운 조직행동이 어떻게 학습되고 그 과정상에서 조직의 내부에서는 어떠한 변화가 이루어지는가에 관심을 두고 있다. 적응 관점은 조직이 환경변화 상황을 파악하고 성공적으로 변화 상황에 대처함으로써 얻게 되는 성과나 지속적인 생존확보를 강조한다(김명형, 1996).
모든 조직은 환경변화에 적응해야 하고, 한편으로는 적응을 위해 조
직이 변화를 도모해야 한다. 이렇게 모든 조직의 지속적인 적응 행동
과 조직변화를 위해 조직 차원의 학습은 중요한 조직경영 방법으로
활용될 수 있다.

Cyert와 March는 조직학습이 환경 적응적 관점에 부합되는 이유를
다음과 같이 강조하였다.

첫째, 조직의 학습은 조직의 환경 적응과 명백하게 관련되어 있다.

둘째, 조직의 행동변화는 조직의 목표 변화에 의해 이루어진다.

셋째, 조직의 목표 변화가 조직 구성원에 의해 직접 경험이나 다른
조직의 성과, 행동의 관찰을 통한 학습으로 인해 일어나게 된다는 것을
강조하고 있다는 점이다. 환경 적응 관점은 조직의 특성에 따른 조직행
동변화와 조직성과를 중요시한 반면, 조직 구성원들의 공유된 행동변화
를 위한 인지적, 신념적 측면을 소홀히 다룬 한계를 지니고 있다.

3) 경험효과 관점(experience effect perspective)

경험효과 관점은 조직이 과거의 경험을 기초로 慣行(routine)을 변
화시키며, 학습을 통해 환경에 적응해 간다. 또한 학습을 통해서 조직
내의 공유된 경험을 이해하고 구성한다. 이렇게 경험학습은 조직의
일반화된 지식에 의거하여 전략적이고 업무적인 계획이 지속적이고
반복적으로 수행될 때 일반화 지식체계가 점진적으로 정교화되어 조
직 구성원들에게 체계화되는 학습을 의미한다.

경험학습곡선에 대한 경험적 연구는 다음과 같은 세 가지의 분석
적 정교화를 통해 지지를 받고 있다(Levitt와 March, 1988).

첫째, 제조비용의 개선을 위해 각 학습의 공헌을 평가하고 조직 간 상호 관련된 원인을 통해 경험곡선이 분석되고 있다.

둘째, 가격 전략의 기초로써 경험곡선이 사용되고 있으며, 이는 전 조직에 걸쳐 공유된 경험과 관련시키고 있다.

셋째, 일반 선형 로그(general log-linear) 결과를 예측할 뿐만 아니라, 곡선으로부터 이론적으로 약간 벗어나거나 일치하는 학습곡선 모형 구축이 이루어지고 있다. 이러한 연구들은 시행착오 학습 혹은 조직 연구 주제의 변형들이 대부분이다.

학습경험곡선에 대한 해석적 연구에 있어서 중요한 점은 적절하고 轉移가 쉬운 경험을 조직의 의사결정 상황에 적용하는 것이다 (Shrivastava, 1983). 그리고 연구들 간에 차이는 있지만 반복 실행과 함께 경험이 학습되는 것으로 확인되었고, 경험의 획득은 환경에 더욱 효과적으로 적응하고 용이하게 대처하도록 환경에 대한 기대와 지식으로 생각될 수 있다(Mroz, 1997). 하지만 다음과 같은 한계를 지니고 있다.

첫째, 연구의 주요 초점이 일상적이고 반복적으로 수행되는 업무적 수준(operational level)에만 맞추어져 있고, 지나치게 計量的인 분석에만 의존함으로써 조직의 질적 측면의 중요성에 대한 인식이 결여된다는 점이다.

둘째, 조직이 환경에 적응하는 데 큰 영향을 미치는 조직 혁신은 흔히 경험곡선을 뛰어넘는 학습과정에 의해 이루어진다는 점이다. 혁신은 능동적으로 새로운 개념적 틀을 만들고 이를 환경에 적용시켜 나가면서 조직과 환경 사이의 상호 작용을 관찰하고 해석하는 과정에서 이루어지는 것이라고 할 수 있다.

셋째, 경험곡선효과의 분석은 조직에서 나타나는 학습전이효과에 대한 충분한 고려가 없다는 점이다.

4) 학습체제 관점(learning system perspective)

조직은 환경과 상호 작용하는 개방체제로서 投入-産出의 활동을 한다. 모든 조직은 공식적이든 비공식적이든 학습하는 과정과 구조를 가지고 있다는 점에서 학습체제라 할 수 있다(김인수, 1999). 학습체제란 조직에서 학습이 지속적으로 이루어지고 학습 활동이 제도화되어 있는 기제(Shrivastava, 1983)로써 조직 구성원들이 지식과 기술을 획득하고 공유하며 활용하기 위한 공식적이거나 비공식적 구조와 과정을 가지고 있다. 이러한 기제 속에서 조직 구성원들은 공식적, 비공식적으로 초기 사회화로부터 계속적인 집단 의사소통을 통해 자료, 규범, 절차, 그리고 성과를 폭넓게 교류하고 축적한다(Nevis 외, 1995).

학습체제 관점은 1990년대 초반 학습조직에 대한 개념이 논의되면서부터 시작되었다. Senge(1990)는 학습조직을 구축하기 위한 다섯 가지 구성요소를 제시하고 후속연구를 통해 학습조직을 구축하기 위한 구체적인 전략과 도구를 제시하여 학습조직 구축 방안을 구체화하였다. 지금까지 학습체제에 관한 연구는 학습조직에 대한 다른 연구와 마찬가지로 실증적인 연구를 통하여 검증된 연구는 부족한 실정이다(김명형, 1996).

학습체제 관점은 조직의 활동이나 과정을 체계화시켜 학습수행을 위한 조직이나 제도화된 기제로 파악함으로써 능률성과 효과성을 높이는 데 바람직할 수 있으나 조직의 유연성을 높이는 데는 한계가 있다.

5) 통합적 관점(integrative perspective)

조직은 외적인 환경과 역동적(dynamic)인 상호 작용을 하는 開放
體制이다. 그래서 조직의 목적은 외적인 환경의 상황과 내적인 구성
원의 특성, 그리고 조직이 갖는 제반 여건들이 고려되어야 한다.
Edmondson(1996)은 Argyris, Schein, Senge의 이론적 가정과 방법론
을 분석하여 학습조직의 통합적 접근을 시도하였으나 연구가 소수에
국한되고 있다. 그 후 학습조직에 대한 체계적인 통합적 시도는
Easterby-Smith(1997)에 의해 시도되었다.

하지만 지금까지 연구된 학습조직의 연구 경향을 분석해 보면 학습
조직에 적합한 조직 풍토나 조직 구성원들의 행동을 촉진하며, 나아가
개인, 집단, 조직단위에서 학습 활동의 실천과정을 들 수 있다. 統合的
接近은 기존의 연구 관점을 모두 인정하고 통합함으로써 일부 영역에
국한되는 연구방식에서 조직 활동 전 영역을 연구의 대상으로 한다.

이상에서 분석한 바와 같이 학습조직의 연구 관점은 다양한 배경
을 지닌 연구자들에 의해 이루어지고 있어 연구 관점 또한 상이하다.
이러한 연구 관점들은 완전히 독립적이기보다는 서로 다른 관점을 보
완하는 차원에서 새롭게 발전적인 특징을 지니고 있다. 조직이 학습
을 원활히 수행하기 위해서는 상호 유기적인 관계를 유지해야 하기
때문에 학습 활동을 체계화하는 것이 중요하며 이러한 학습체제의 실
천으로 조직의 능률과 효과를 높일 수 있게 된다.

본 연구에서 학습조직 측정을 위한 접근은 통합적 모형을 근간으
로 하여 조직 구성요소들의 상호 관계와 조직 외적인 역학적 작용의
관점에서 조직 기능을 파악하는 것이 합리적이라 할 수 있다.

나. 구성요소의 선정

학습조직의 구성요소에 대한 선행연구를 분석·종합하여 학습조직 구성요소를 설정하고 구성요소의 역학적 관계를 개념화한다.

학습조직의 선구자 역할을 한 Senge(1990)는 그의 저서 『The Fifth Discipline: The Art and Practice of the Learning Organization』에서 학습조직이 되기 위한 선결요건으로 ① 개인 숙련(personal mastery), ② 정신 모델(mental model), ③ 공유 비전(shared vision), ④ 팀 학습(team learning), ⑤ 체제적 사고(system thinking)의 다섯 가지를 제시하였다.

그가 제시하고 있는 학습조직의 구성요소들은 變化管理(change management)와 관련되어 기존의 조직이론 분야나 조직행동론 분야의 제 이론을 통합하는 포괄적인 특성을 지니고 있다는 점이다(손태원, 1995). 또한 그는 조직 구성원들의 학습이 기초가 되어 개인의 학습이 조직의 힘으로써 시너지를 발휘하기 위해서는 다섯 가지의 기본 원리가 필요하다고 하였다.

Senge는 다섯 가지 원리 가운데 체제적 사고를 토대로 나머지 네 가지 기반을 유기적으로 연결시켜 전체를 직관적으로 통찰할 수 있는 입체적 사고 논리로써 체제적 사고의 중요성과 필요성을 역설하고 있다. 이러한 원리들은 유기적인 관계 속에서 조직의 효과를 극대화할 수 있다고 하였다. 개인학습에서 비롯되는 개인적 숙련의 이론적 배경은 동기이론과 권한 강화, 자아 효능감의 연구에 바탕을 두고 있으며, 정신 모델은 전략적 사고와 인지 이론 등이 중심이 되고 있다. 집단학습에 기초를 두고 있는 비전의 공유는 조직행동론의 리더십 영역

과 기업문화의 연구에서, 팀 학습은 집단역학에서의 문제 해결과정과
의사소통을 중심으로 하고 있다. 끝으로 학습조직의 핵심인 시스템
사고의 이론적 배경은 시스템 역학에서 비롯되었다(손태원, 1996).

그리고 Marquardt(1996)는 학습조직을 하나의 체제로 보고 구성요
소를 ① 학습, ② 조직, ③ 사람, ④ 지식, ⑤ 기술 등 다섯 개의 하위
체제의 상호 관련성과 보완적인 관계를 제시하였다. 학습을 중심으로
이루어지는 하위체제는 세 가지 수준의 학습과 학습유형, 그리고
senge(1990)가 주장하는 다섯 가지 학습의 원리를 포함하고 있다.

세 가지 수준의 학습은 개인학습, 팀 및 집단 단위학습, 조직학습을
의미하며 학습유형은 適應的, 生成的, 단순 순환적 학습, 이중 순환적
학습 등을 포함하고 있다. 조직에는 문화, 비전, 구조, 전략이라는 네
가지 하위요소가 있다. 사람의 하위체제는 고용자, 고객, 경영자, 외부
협력자, 그리고 공동체로 구성되어 있다. 학습조직에서 이 모든 구성
원들은 중요한 가치를 가지며 모두 학습할 수 있는 능력이 필요하며
또한 조직의 의사결정에 참여할 수 있는 권한이 부여되어야 한다. 지
식은 조직에서의 지식 습득과 생산을 관리하는 것을 의미한다. 지식
은 조직체 외부에서 획득될 수 있고 또한 조직체 내부에서 창조될 수
도 있다. 마지막으로 기술의 하위체제는 정보와 학습결과에 접근하고
이들을 교환할 수 있도록 기술적인 지원을 해 주는 것을 의미한다.

또 Huber(1991)는 학습조직의 과정을 강조하고 있으며 특히 정보
습득에서 활용에 이르기까지 정보경영에 강조점을 두고 학습조직을
설명하고 있다. 그에 따르면 학습조직의 구성요소는 ① 지식획득, ②
정보분배, ③ 정보해석, 그리고 ④ 조직 차원의 기억 등 4단계로 구분
하고 있다.

지식의 획득은 외부환경의 관찰, 연구, 개발과 내부인사의 교육훈련 등을 통해서 발생할 수 있다. 정보의 분배란 조직이 정보를 구성원들이나 소단위 체제 간에 공유함으로써 학습을 촉진하거나 새로운 이해를 생성하는 것을 의미한다. 그리고 정보해석은 분배된 정보가 구성원들 간에 공유된 의미를 갖게 되는 과정을 의미한다. 또한 조직 차원의 기억이란 조직의 지식이 미래의 문제 해결을 위해 조직 차원에서 축적되는 것을 의미한다.

Gould, Dibella와 Nevis(1993)는 학습조직의 초기 연구자들이 제시한 핵심들을 그대로 유지하면서 학습조직이 지나치게 이상주의적이라는 비판들을 극복하기 위해서 조직들이 현재 수행하고 있는 학습 성향을 객관적으로 제시하고자 하였다. 이들은 현재 조직이 수행하고 있는 학습 성향을 ① 지식개발의 원천, ② 지식의 전파·보급유형, ③ 지식에 대한 관점, ④ 학습에 대한 초점, ⑤ 가치, ⑥ 기술개발, ⑦ 정보공유 등 일곱 가지로 제시하였다. 또한 학습조직 촉진요인을 ① 환경검색, ② 업무성과 차이, ③ 측정에 대한 관심, ④ 실험정신, ⑤ 개방적 분위기, ⑥ 지속적인 교육, ⑦ 운영의 다양성, ⑧ 다수의 주창자, ⑨ 참여적 리더십, ⑩ 체제적 관점 등 열 가지로 제시하였다.

그리고 Marquardt와 Reynolds(1994)의 글로벌 학습조직 모형은 개인이나 집단 차원에서 일어나는 학습 측면과 조직 차원에서 발생하는 학습 측면, 그리고 글로벌 학습 측면으로 대별하여 글로벌기업의 조직학습에서 고려하여야 할 열한 가지 필수적 조직요소와, 글로벌 학습을 촉진시키는 여섯 가지 요인을 지적하고 있다.

조직학습 활동을 결정짓는 특징으로는 ① 수평적 조직 구조와 같은 적절한 구조, ② 기업 학습문화, ③ 권한과 능력의 함양, ④ 환경

분석, ⑤ 지식창출과 이전, ⑥ 학습기술, ⑦ 품질, ⑧ 전략, ⑨ 지원 분위기, ⑩ 팀워크와 네트워킹, ⑪ 비전 공유 등이 제시되고 있다. 다음으로 바깥쪽의 원 부분으로 조직성공을 위한 글로벌 학습을 촉진시키는 요소로써는 ① 문화 변용, ② 국가 간 경계의식의 극복, ③ 범세계화, ④ 언어능력, ⑤ 리더십, ⑥ 노동력의 다양성 등을 밝히고 있다.

또 Pedler, Burgoyne와 Boydell(1991)은 학습조직 관련 문헌을 검토하고 현장 담당자들과 인터뷰한 결과를 바탕으로 다음과 같은 학습기업의 열한 가지 특성을 추출하였다. 여기서는 학습조직이란 말을 사용하지 않고 학습기업(learning company)이란 용어를 사용하고 있다. 조직은 정적인 이미지를 풍기는 데 반해 기업은 공동목표를 달성하기 위해 일단의 팀 구성원들이 서로 협력해서 프로젝트를 추진하는 생명력 있는 유기체임을 강조하기 때문이다.

학습기업은 다음과 같은 열한 가지 요소를 그 특징으로 가진다(Pedler 외, 1991; Watkins와 Marsick, 1996). 그는 학습조직의 촉진요인을 ① 전략에 대한 학습적 접근, ② 참여 지향적 정책 형성, ③ 정보 공유의 촉진, ④ 건설적인 회계와 통제, ⑤ 사내 의사소통 촉진, ⑥ 보상 구조의 융통성, ⑦ 유연한 조직 구조, ⑧ 정보채널의 구축, ⑨ 기업 간 학습 활동, ⑩ 학습 분위기 조성, ⑪ 자기개발의 기회 확대 등 열한 가지 요소로 제시하였다. 학습기업의 활동에서 각각 전략, 조직 내부, 조직 외부, 학습기회, 조직 구조 등의 영역으로 제시할 수 있다.

Watkins와 Marsick(1993)은 학습조직의 일반적인 특징을 반영하는 모형을 제시하고 있다. 삼각형을 통해 제시된 이 모형에서는 회사의 사회적 제도에 의해 창조되는 조직 구조 및 문화와 조직을 구성하는 사람으로 구분하여 상호 역학적으로 도식화되어 있다. 개인들은 학습

을 하고, 조직은 학습을 지지하고 촉진하는 구조·정책·문화를 창조
해 가는 것이다.

그는 학습조직을 개인, 집단, 조직, 사회적 수준에서 학습이 일어나
는 것으로 규정하고, 이러한 각 수준에서 학습이 일어나기 위해서는
여섯 가지 필수행동으로 ① 지속적인 학습, ② 탐색과 대화, ③ 전략
적 지도성, ④ 협력과 팀 학습, ⑤ 학습 공유, ⑥ 권한 부여, ⑦ 환경
과의 연계 등을 제시하였다. 즉 개인수준에서는 계속적인 학습기회를
창출하고, 대화와 탐구심을 촉진하여야 하며, 집단수준에서는 협력과
팀 학습을 조장하여야 한다. 조직수준에서는 학습을 포착하고 공유할
수 있는 체제를 구축해야 하며, 공통된 비전을 가질 수 있도록 사람
들에게 권한을 부여하여야 한다. 마지막으로, 사회적 수준에서는 조직
을 그 환경에 연결하여야 한다.

그리고 Bennet과 O'Brien(1994)은 이전의 학습조직 모델이 제시하
는 이상이나 행동 특성을 그대로 유지하면서 기업현장에서 학습조직
을 적용 및 실천할 수 있는 구체적이고 실제적인 학습조직 구축요인
들을 다음과 같이 제시하였다.

① 전략과 비전의 공유 ② 최고 경영진의 실천

③ 관리자들의 실천 ④ 개인과 팀의 실천

⑤ 작업 프로세스 ⑥ 업무성과 목표와 프로세스

⑦ 개방성과 신뢰의 분위기 ⑧ 학습을 지원하는 조직의 구조

⑨ 정보의 흐름 ⑩ 훈련과 교육

⑪ 개인과 팀의 개발 ⑫ 보상과 인정

Redding(1997)은 학습조직의 측정단계를 제1단계 학습조직의 평가

목적 규명, 제2단계 학습조직의 평가도구와 방법의 선택, 제3단계 학습조직의 평가시행과 결과분석, 제4단계 학습조직의 실천 전략의 개발, 제5단계 학습조직의 현실적 실행안 설계, 제6단계 학습조직의 현실적 실행안 시행으로 구분하였으며, 또한 학습조직의 현실적 실행안을 학습의 수준과 조직의 시스템 두 가지로 구분하였다. 그리고 학습의 수준에는 개인학습, 팀 학습, 조직학습 등 세 가지의 실행요인을 제시하였으며, 조직 시스템은 비전과 전략, 리더십과 경영관리, 문화, 구조, 의사소통·정보·지식 시스템, 성과 관리, 기술 등 일곱 가지의 실행요인을 제시하였다.

또한 Tobin(1993)은 학습조직을 구축하기 위한 原理와 基盤要因을 다음과 같이 제시하였다. 학습조직의 기반요인으로 ① 뚜렷한 리더십(visible leadership), ② 기능적 문맹(functional literacy)의 극복, ③ 기능적 편협함의 극복(overcoming functional myopia), ④ 효과적인 학습 팀의 구성, ⑤ 중간관리자의 활성화 등을 들고 있다.

Nevis 외(1993)는 기업에서 관찰한 것을 기초로 서술적인 부분과 규범적인 부분으로 구성되는 학습조직 모형을 제시하였다. 서술적 부분은 무엇을 학습하며 어디서 학습이 일어나는가에 관한 설명을 제공하고 있는데, 7개의 학습 성향(learning orientation)이 변수로 되어 있다. 학습 성향 변수들은 문화, 경험, 핵심 역량 등의 요인을 바탕으로 변수들을 구성한 것이다. 규범적 부분은 학습을 촉진시키는 것이 무엇을 밝히고 있는지 모범사례와 공통적인 조직 프로세스에 바탕을 두고 있다.

일곱 가지 학습 성향으로는 ① 지식원천: 내부적 - 외향적, ② 제품 공정 초점: 무엇을 - 어떻게, ③ 문서화 양식: 개인적 - 공유적, ④ 전파 양식: 공식적 - 비공식적, ⑤ 학습초점: 累積的 - 轉換的, ⑥ 가치 사슬

초점: 설계 - 유통, ⑦ 역량개발 초점: 개인 - 그룹으로 구분하였다.

또한 열 가지 촉진요인으로는 ① 관찰력, ② 성과 격차, ③ 측정에 대한 관심, ④ 실험정신, ⑤ 개방적 분위기, ⑥ 지속적인 교육, ⑦ 운영상의 다양성, ⑧ 복수의 지지자, ⑨ 참여적 리더십, ⑩ 시스템 관점을 들 수 있다.

박광량(1994b)은 학습조직의 등장배경이 환경의 변화에 따른 것으로, 환경이 변하면 조직도 변해야 한다고 역설하였다. 따라서 조직을 구성하고 있는 구성원(인간)과 업무도 당연히 변해야 한다고 하였다. 이에 학습조직의 진단과 구축도 이러한 4개 주요 영역을 ① 환경, ② 조직, ③ 과업, ④ 인간 차원으로 보고, 각 영역에서의 주요한 행동지침을 영역별 학습조직 구축의 4C전략이라 하였다.

또한 권석균(1996a)은 학습 공동체의 구현 모형에서 학습 공동체의 핵심가치를 학습문화와 연계시키고 있다. 그는 學習 共同體란 개인 · 집단 · 조직 · 사회 등의 모든 차원에서 새로운 지식의 창출이 자유롭게 이루어질 뿐만 아니라, 나아가 이들 개인 · 집단 · 조직 · 사회 수준 간의 다차원적인 지식 이전을 통한 이차적 지식창출이 활성화되어 있는 기업의 모습이라고 정의를 내린다. 그리고 이와 같은 학습 공동체의 구현방안으로써는 ① 개인학습에 필요한 학습문화로서의 열정의 부여, 창조성의 발휘, 전문능력의 강화를, ② 집단학습에서는 신뢰기반 구축, 커뮤니케이션의 활성화, 팀워크 강화 문화를, ③ 조직학습에서는 시스템 사고, 전략 공유, 권한 강화의 문화가 필요함을 역설하고 있다.

유영만(1996)은 학습조직의 구축은 ① 문화, ② 사람, ③ 경영관리, ④ 테크놀러지의 네 가지 차원에서의 총체적 노력이 필요하다고 하였다.

지금까지 제시한 연구들은 기업조직을 대상으로 학습조직이 되기 위한 요건들을 논의하였다. 제한적이지만 학교조직을 대상으로 학습조직의 구성요소를 분석한 선행연구들을 제시하면 다음과 같다.

Leithwood 외(1998)는 학습하는 학교조직에 관해 실증적으로 탐구한 연구로서 학교에서 학습조직을 촉진시키는 요건을 규명하였다. 조직학습에 영향을 미치는 요인으로 ① 학습을 위한 자극, ② 학교 외 요건, ③ 학교 리더십으로 구분하여 제시하였다. 또한 조직학습의 결과로 개인적, 집단적 이해, 기술, 헌신, 조직학습에 따른 교육실천을 고찰하였다. 조직학습에 영향을 미치는 학교 외 요인으로는 지역 교육청, 교육부, 지역사회 등이며, 학교 내 요인은 비전, 문화, 구조, 전략, 정책과 자원 등을 제시하였다.

Mark와 Louis(1999)는 조직학습을 위한 학교의 역량과 교사에게 권한의 부여를 중요시하였다. 그는 조직학습을 위한 학교 역량의 하위요인으로 ① 지원적인 학교구조, ② 촉진적인 리더십, ③ 헌신에 대한 공유와 협동적인 활동, ④ 지식과 기술의 유입, ⑤ 피드백과 책무성의 확보 등을 제시하였다. 또한 각 하위요인을 조작적으로 정의하고 측정지표를 개발하여 교사 권한의 하위요인들과 학교의 학습 역량각 하위 요인들과의 관계를 분석하였다.

이 밖에 Silins 외(2003)는 학교조직이 학습조직에 영향을 미치는 요인과 조직학습이 학생의 교육에 미치는 영향에 관한 일련의 종합적인 연구를 수행하였다. 이 가운데 학교가 학습조직에 되기 위해서는 교사의 리더십과 학생의 참여도를 강조하였다. 그는 학교 상황변인으로 학생의 사회경제적 지위와 학교 규모를 선정하였다. 중개변인으로 자원, 리더, 직원의 유형, 리더십의 만족도, 지역사회의 관심, 교사의

리더십, 조직학습과 교사의 업무를 선정하였으며, 결과변인으로 학생
의 참여와 관여를 선정하였다. 이 가운데 학습조직을 촉진시키는 요
인으로는 ① 협력적 풍토, ② 혁신과 위험 감수 문화, ③ 학교 실제의
개선, ④ 전문성 개발을 들고 있다.

　이상의 선행연구를 분석하여 보면 학습조직도 사회체제의 일환으
로 볼 수 있다. 학습조직 이론에서 핵심적 역할을 수행하는 체제적
사고(system thinking)는 이를 뒷받침하고 있다. 사회 체제적 관점은
조직을 구성하는 것은 인간이며, 이러한 조직 구성원들의 상호 작용
과 활동 자체가 조직의 행위이며 조직행위 자체가 조직의 기능으로
본다. 특히 학교조직의 궁극적인 목적은 학생의 학습에 있기 때문에
학교는 다른 어떤 조직보다도 학습조직이 되어야 한다. 학교가 효과
적인 학습조직이 되려면 개인의 행동 특성뿐만 아니라 교수 - 학습을
지원하는 조직 구조적인 측면도 고려해야 할 것이다. 이에 더하여 주
요 학습의 실천과정이 이러한 사회체제 요소들 간의 상호 작용에 영
향을 준다.

　이상과 같이 국내 · 외 연구에서 제시된 학습조직의 구성요소를 정
리하면 〈표-8〉과 같다.

〈표-8〉 학습조직의 구성요소

이론가	학습조직의 구성요소
Senge(1990)	① 개인 숙련 ② 정신 모델 ③ 공유 비전 ④ 팀 학습 ⑤ 시스템 사고
Huber(1991)	① 지식의 획득 ② 정보의 전파 ③ 정보의 해석 ④ 조직의 기억
MacGill, Slocum & Lei(1992)	① 개방성 ② 창의성 ③ 체제적 사고 ④ 개인의 효능감 ⑤ 공감
Tobin(1993)	① 가시적 리더십 ② 기능적 문맹 극복 ③ 기능적 편협성 극복 ④ 효과적인 학습팀 구성 ⑤ 촉진자로서의 관리자
Marquardt & Reynolds(1994)	① 적절한 구조 ② 기업 학습문화 ③ 권한 위임 ④ 환경 분석 ⑤ 학습기술 ⑥ 지식창출과 전이 ⑦ 품질 ⑧ 학습 전략 ⑨ 지원 분위기 ⑩ 비전의 공유 ⑪ 팀워크와 네트워킹
Nevis, Dibella & Gould(1995)	① 관찰력 ② 업무성과 격차 ③ 측정에 대한 관심 ④ 실험 정신 ⑤ 개방적 분위기 ⑥ 지속적인 교육 ⑦ 운영의 다양성 ⑧ 다수의 주창자 ⑨ 참여적 리더십 ⑩ 시스템 관점
Watkins & Marsick(1996)	① 지속적인 학습 ② 탐색과 대화 ③ 전략적 지도성 ④ 협력과 팀 학습 ⑤ 학습공유 ⑥ 권한 부여 ⑦ 환경과의 연계
ASTD(Gephart, Marsick, Buren & Spiro)(1996)	① 비전과 전략 ② 리더십과 관리 ③ 문화 ④ 구조 ⑤ 변화관리 ⑥ 시스템과 프로세스 ⑦ 의사소통·정보·지식 시스템 ⑧ 테크놀러지 ⑨ 업무성과 관리·지원 시스템
Gephart, Marsick, Buren & Spiro(1996)	① 리더십과 관리 ② 의사소통과 지식 시스템 ③ 문화 ④ 구조
Arthur Anderson Co.& APQC(1996)	① 리더십 ② 기술 ③ 문화 ④ 측정
Marquardt(1996)	① 학습 차원 ② 조직 차원 ③ 사람 차원 ④ 지식관리 차원 ⑤ 기술 차원
Redding(1997)	① 비전과 전략 ② 리더십과 관리 ③ 문화 ④ 구조 ⑤ 의사소통·정보·지식 시스템 ⑥ 업무성과 관리 ⑦ 기술
박광량	① 환경 차원 ② 조직 차원 ③ 과업 차원 ④ 인간 차원
권석균	① 개인학습 ② 집단학습 ③ 조직학습
유영만	① 문화 ② 사람 ③ 경영관리 ④ 테크놀러지

본 연구에서도 학습조직을 社會體制로 보고 이러한 구성요소를 학습조직의 구성요소로 보았다. 이상과 같은 이론들을 분석·종합하면 학습조직의 구성요소는 ① 구성원의 행동 특성 요소, ② 조직의 지원시스템 요소, ③ 학습의 실천과정 요소 등으로 분류할 수 있으며 각 요소들을 구체적으로 설명하면 다음과 같다. 첫째, 구성원의 행동 특성 요소는 학습을 촉진하거나 활성화시키는 개인 차원의 요소들로서 비전 추구, 체제적 사고, 창의적 사고, 능력개발, 자기개발 등을 들 수 있다. 둘째, 지원 시스템의 요소는 학습을 촉진하거나 활성화시키기 위한 시스템 차원으로서 조직의 구조, 지원 시스템 등을 들 수 있다. 셋째, 학습의 실천과정 요소로는 학습조직을 실천하기 위한 학습 프로세스로서 개인, 팀, 조직수준의 다양한 학습 기회 제공, 학습의 구축 과정, 프로세스의 구축 등을 들 수 있다.

4. 학습조직의 측정변인

가. 측정변인의 선정

학교의 학습조직화 구축 정도를 측정하고자 하는 측정변인에 관한 접근법은 規範的 接近(normative approach)과 記述的 接近(descriptive approach)으로 구분한다(Steers, 1975).

규범적 접근은 이론적 준거에 의하여 변인을 설정하는 것으로 왜 그런 변인이 측정변인이 되는지 다른 조직에도 그 변인이 적용될 수 있는지에 대한 이론적 합리화를 통하여 측정변인을 설정하는 演繹的

接近法이다.

반면, 기술적 접근법은 實證的 接近으로 측정변인을 설정하는 접근법이다. 규범적 접근법은 일반적으로 이론적 근거가 약하거나 실증적 증거가 결여되기 쉽고, 기술적 접근은 이론적 근거가 없어 실증적인 연구자의 가치에 변인의 外樣性을 가져올 수 있어 두 접근법은 그 나름대로 장·단점을 가진다.

이 연구에서는 규범적 접근으로 학습조직의 측정변인을 설정한다. 그 이유는 학습조직에 관한 측정변인은 논리적 근거와 이론적 합리화를 토대로 측정변인을 선정하고 측정모형의 탐구방법은 규범적 접근을 통해 시도하기 때문이다. 즉 학습조직에 관련된 문헌을 고찰하고 학자들의 내용을 분석·종합하여 측정변인을 선정하는 연역적 접근방법을 통하여 측정모형을 정립고자 한다.

최근 조직경영의 한 전략으로써 1990년대 초반의 학습조직 연구 경향은 이상적인 학습조직의 모습을 상정하고, 이를 촉진하는 요인을 구성원들의 행동 특성에서 찾았으나, 1990년대 후반으로 오면서 학습조직 촉진을 지원하기 위한 조직의 시스템 요인을 크게 강조하고 있다. 그리고 학습의 실천과정 요인을 체계화하며 다양한 학습 활동의 기회를 제공할 수 있는 전략과 방법에 초점을 두는 경향이 있다. 이러한 흐름에 따라 조직의 학습을 활성화하고, 조직의 경영전략으로 자리잡기 위해서는 학습조직에 대한 종합적인 접근이 요구된다.

학습조직은 체제적 사고라는 큰 틀에서 學習과 組織 자체가 갖는 해결력을 제시하고 있으며, 그 둘에 대한 처방과 시도를 분리하지 않는다. 즉 조직 구성원들의 학습력을 증대하는 방안과 조직을 통한 지원체제 구축 방안이 분리되지 않는다는 점에서 학습과 조직을 전체적인 체제적 사고라는 하나의 시각에서 접근해야 할 것이다.

본 연구에서는 학습조직의 연구 경향들을 체계화하고 동시에 그 구성요소들 간의 역학적 관계를 圖式畵하면 [그림-2]와 같다.

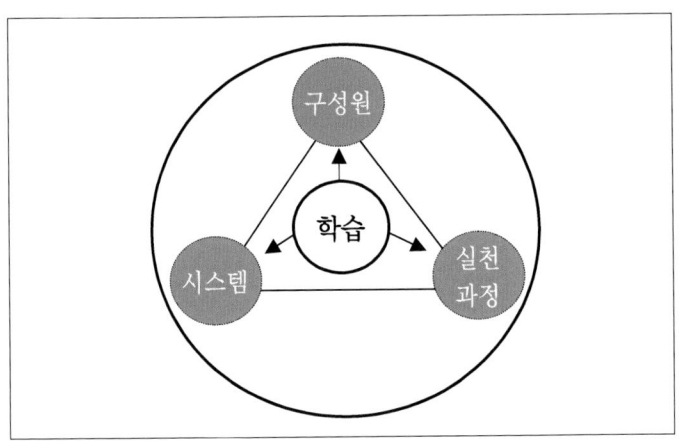

[그림-2] 학습조직의 개념모형

1) 구성원의 행동 특성요인

1990년대를 기점으로 학습조직의 이론 구축에 결정적인 역할을 한 Senge(1990)는 체제적 사고의 철학적 기반을 토대로 개인 숙련, 정신 모델, 비전 공유, 팀 학습이라는 다섯 가지의 원리를 통합적인 관점에서 제시하였다.

그는 이상의 다섯 가지 원리 가운데 어느 한 가지라도 결여되면 학습조직이 이루어질 수 없으며 특히 체제적 사고를 강조하였다. 체제적 사고는 발상의 전환을 강조한다. 발상의 전환을 통해 단선적이고 평면적인 접근태도를 버리고 전체적인 유기체로서 문제를 파악하는 것이 중요하다.

　이러한 맥락에 비추어 볼 때, 성공적인 학습조직이 되려면 기존의
선입견을 버리고, 열린 생각을 할 수 있게 하기 위해 스스로 노력하
며, 조직의 시스템에 완벽한 이해를 바탕으로, 누구나 동의할 수 있는
비전을 이룩하기 위해 함께 노력해야 한다는 것을 알 수 있다.

　MacGill, Slocum과 Lei(1992) 또한 조직의 학습을 촉진하기 위한
조직 구성원의 행동 특성으로 개방성, 창조성, 시스템 사고, 개인적
효능감, 공감의 다섯 가지를 제시하였다. 학습조직은 남보다 더 빨리
시장에 침투, 더 빨리 철수하며, 위기 상황에 더 쉽게 적응하는 동태
적이고 현명한 조직이다. 체계적이고 끊임없는 학습은 물론, 다른 사
람으로부터 얻은 노하우를 적극적으로 활용하여 성공적인 환경 적응
방식을 찾아내는 방식으로 볼 수 있다.

　Tobin(1993)은 Senge와는 달리 학습조직을 구축하기 위한 원리와
기반을 더욱 구체적인 수준에서 제시하고 있다. 조직에서 발생하는
다양한 학습 활동의 본질적인 특성을 새롭게 조명하여 다섯 가지 원
리를 제시하였는데 그 내용은 가시적인 지도성, 사고능력, 기능의 장
애요인의 극복, 효과적인 팀 학습의 구축 유지, 촉진자로서의 관리자
등을 들었다. 그가 제시한 사고능력, 기능적 장애요인 극복, 효과적인
팀 학습의 구축과 유지는 학습을 촉진시키기 위한 행동 특성 요인에
해당된다고 볼 수 있다.

　또한 Marquardt와 Reynolds(1994)는 조직학습 활동을 결정짓는 특
징으로 수평적 조직 구조와 같은 적절한 구조, 기업학습문화, 권한과
능력의 함양, 환경 분석, 지식창출과 이전, 학습기술, 품질, 전략, 지원
분위기, 팀워크와 네트워킹, 비전 공유 등이 제시하였다. 그는 학습원
리가 세계적인 수준에서 적용될 필요가 있음을 강조하였다.

그리고 Bennet와 O'Brien(1994)은 기업현장에서 학습조직을 적용하거나 실천할 수 있도록 구체적이고 실제적인 학습조직 구축요인들을 다음과 같이 제시하였다. ① 전략과 비전의 공유, ② 최고 경영진의 실천, ③ 관리자들의 실천, ④ 개인과 팀의 실천, ⑤ 작업 프로세스, ⑥ 업무성과 목표와 프로세스, ⑦ 개방성과 신뢰의 분위기, ⑧ 학습을 지원하는 조직의 구조, ⑨ 정보의 흐름, ⑩ 훈련과 교육, ⑪ 개인과 팀의 개발, ⑫ 보상과 인정 등이다.

끝으로 Nevis 외(1993)는 '학습조직이란 무엇인가? 좋은 학습조직을 결정하는 요인은 무엇인가? 어떻게 조직들이 학습을 개선할 수 있는가?'라고 질문하면서 기업에서 관찰한 것을 기초로 학습조직의 촉진요인을 다음과 같이 제시하였다. 즉 관찰력, 성과 격차, 측정에 대한 관심, 실험 정신, 개방적 분위기, 지속적인 교육 운영상의 다양성, 다수의 주창자, 참여적 리더십, 시스템 관점 등 열 가지를 제시하고 있다.

한편, Silins(2002) 등은 모든 학교에서의 학습조직의 구성요건으로 신뢰와 협력적 분위기, 교직원 주도의 참여와 위험 감수, 비전 및 목표의 공유 전문성 신장을 위한 노력 등 네 가지로 제시하고 있다.

Marks, Louis와 Printy(2000)는 학교에서의 학습조직을 협동학습(collaborative learning)의 관점에서 정의하며, 학교구조, 교사들에 대한 권한 부여를 통한 참여적 의사결정, 헌신 및 협동 활동, 지식과 기술, 지도성 및 피드백과 責務性 등 여섯 가지의 범주로 설명하고 있다(재인용, Silins 외, 2002).

구성원 차원에서의 학습조직 구성요소는 조직의 목적과 과업을 명료화하여 구성원들이 명확하게 인식할 수 있도록 하는 것이 중요하다. 또한 목적과 과업에 대해 구성원들 간에 공감대를 형성시켜 구성원들의 학습동기를 유발시키고 학습이 방향성을 갖도록 해야 한다.
특히 교사의 전문성 향상을 위해서는 교단을 학습조직으로 만들어야
할 필요가 있다.

 이상에서와 같이 구성원의 행동 특성에 초점을 둔 학습조직 연구
들을 정리하면 〈표-9〉와 같다.

〈표-9〉 구성원 요인에 관한 연구

연구자	학습조직 촉진 요인
Senge(1990)	① 체제적 사고 ② 개인적 숙련 ③ 정신적 모델 ④ 공유 비전 ⑤ 팀 학습
MacGill, Slocum & Lei(1992)	① 개방성 ② 창의성 ③ 체제적 사고 ④ 개인의 효능감 ⑤ 공감
Tobin(1993)	① 가시적 리더십 ② 기능적 문맹의 극복 ③ 기능적 편협성 극복 ④ 효과적인 학습팀 구성 ⑤ 촉진자로서의 관리자
Marquardt & Reynolds(1994)	① 적절한 구 ② 기업 학습문화 ③ 권한 위임 ④ 환경 분석 ⑤ 학습기술 ⑥ 지식창출과 전이 ⑦ 품질 ⑧ 학습 전략⑨ 지원 분위기 ⑩ 비전의 공유 ⑪ 팀워크와 네트워킹
Bennet & O' Brien(1994)	① 전략과 비전 공유 ② 최고 경영진의 실천 ③ 관리자들의 실천 ④ 개방성과 신뢰 ⑤ 정보의 흐름 ⑥ 학습지원 구조 ⑦ 개인과 팀 실천 ⑧ 작업 과정 ⑨ 훈련과 교육 ⑩ 성과 목표와 과정 ⑪ 개인과 팀 개발 ⑫ 보상과 인정
Nevis, Dibella & Gould(1995)	① 관찰력 ② 업무성과 격차 ③ 측정에 대한 관심 ④ 실험 정신 ⑤ 개방적 분위기 ⑥ 지속적인 교육 ⑦ 운영의 다양성 ⑧ 다수의 주창자 ⑨ 참여적 리더십 ⑩ 체제적 관점
Silins(2002)	① 신뢰와 협력적 분위기 ② 교직원 주도의 참여와 위험 감수 ③ 비전 및 목표의 공유 ④ 전문성 신장
Marks, Louis & Printy(2000)	① 학교 구조 ② 권한 부여의 참여적 의사결정 ③ 헌신 및 협동 활동 ④ 지식과 기술 ⑤ 지도성 및 피드백과 책무성

 위 표에서 제시한 학습조직 촉진을 위한 행동 특성 요인 및 기타
연구 결과들을 참고하여, 학습조직 촉진을 위한 행동 특성 요인들을

구성원의 신념체계, 권한 부여, 비전 공유, 전문성 개발, 체제적 사고
등 다섯 가지로 체계화하였다. 이들 네 가지 학습조직 촉진을 위한
구성원의 행동 특성 요인들을 정리해 보면 〈표-10〉과 같다.

<표-10> 구성원의 공통요인

공통요인	유사 요인	연 구 자
① 신념체제	• 정신 모델 • 끊임없는 도전정신 • 상호 신뢰와 협력 • 실험정신	▫ Senge(1990) ▫ Bennet & O'Brien(1994) ▫ Bennet & O'Brien(1994), Silins(2002) ▫ Nevis, Dibella & Gould(1995)
② 권한 부여	• 권한 위임 • 권한 부여	▫ Marquardt & Reynolds(1994) ▫ Marquardt(1997) ▫ Marks, Louis & Printy(2000)
③ 비전 공유	• 비전 공유 • 비전의 공유 • 비전 및 목표의 공유	▫ Senge(1990) ▫ Marquardt & Reynolds(1994) ▫ Silins(2002)
④ 전문성 개발	• 개인적 숙련 • 전문성 신장 • 기능적 문맹의 극복 • 지속적인 교육	▫ Senge(1990) ▫ Silins(2002) ▫ Tobin(1993) ▫ Nevis, Dibella & Gould(1995)
⑤ 체제적 사고	• 체제적 사고 • 시스템적 관점 • 피드백과 책무성	▫ Senge(1990) ▫ MacGill, Slocum & Lei(1992) ▫ Nevis, Dibella & Gould(1995) ▫ Marks, Louis & Printy(2000)

  본 장에서 논의한 구성원 개개인의 행동 특성 요인을 각각 개념화하여
정리하면 다음과 같다.

  ① 신념체계
  개인은 신념체계를 바탕으로 실천적 행위를 하고 이것은 조직의

변화를 가져온다. 조직의 학습행위는 개인의 신념체계로부터 시작되어 조직 전체로 연결된다. Shaw와 Perkins(1991)는 개인이나 조직의 행동에 영향을 미치는 학습조직의 기본출발을 개인의 신념체계로 파악하였다.

개인학습과 조직학습의 연계성을 강조한 Senge(1991)는 개인의 학습력은 개인이 처한 심리적 상태, 즉 가치관과 태도, 사기 등의 영향을 직접적으로 받게 된다고 하였다. 개인의 학습으로부터 출발하는 학습조직은 조직의 목표와 담당업무에 대한 구성원들의 수용 정도 내지 만족에 대한 태도에 비례한다는 것이다. 따라서 변화와 개혁에 적절한 구성원들의 價値觀의 형성은 학습조직화의 중요한 요건이 되는 것이다.

신념은 주변에서 발생하는 현상들을 이해하는 인식체계로써 정신모델을 의미한다. 즉 자연섭리에 관한 우리의 생각들을 제한하는 잠재의식(고정관념)이나 당연시 여기는 믿음이다. 우리는 지식의 본능에 관한 정신 모델에서부터 시작할 수 있고, 이런 모델 내에서의 교사와 학생의 임무에 대한 관점을 중심으로 하는 정신 모델로부터 시작할 수도 있다. 교육개혁의 주체적인 역할을 수행하는 학교 행정가와 교사들은 학교를 변화시키기 위한 능력이 제한되어 있을 뿐만 아니라 실수에 대한 두려움으로 적극적인 도전의식이 결여되어 있다 (Senge 외, 2000; Steiner, 1998). 학생들과의 관계에서도 교사의 권위는 존중되어야 하지만, 학생들의 創意性을 촉진하기 위해서는 교사와 학생의 관계가 경직되어서는 안 된다. 또 교육의 목표는 人本主義의 실현이므로 규칙과 규정의 적용에 있어서도 그것을 무조건 삼을 것이 아니라 어느 정도 융통성이 필요하다. 이러한 과정이 되기 위해서는 구성원 상호간에 신뢰의 체계가 선행되어야 할 것이다.

② 권한 부여

권한 부여는 조직의 가치 창조에 기여할 수 있는 학습 활동에 구성원들이 자발적이고 적극적으로 참여하게 할 뿐 아니라, 그동안 학습되거나 축적된 정보, 노하우를 활용할 수 있는 기회를 증가시킴으로써, 조직의 경쟁력 향상에 능동적으로 기여할 수 있도록 한다.

기업에서의 학습조직은 철저한 권한 부여를 바탕으로 자율적인 의사결정이 이루어지듯이 학교에서도 권한 부여가 필요하다(Marquardt, 1996). 효율적인 조직의 모습은 位階的 구조 속에서 상부의 지시에 따라 움직이는 것이 아니라 책임감과 의사결정권을 바탕으로 한 모든 조직의 자율적인 변화에 대한 대응이다.

대부분의 조직은 권한 부여의 필요성과 그 효과에 대하여 잘 알고 있지만, 이를 업무 현장에서 실천되도록 하는 데는 실패하는 경우가 많다. Watkins와 Marsick(1993)은 권한 부여가 주창되기는 쉬워도 실천되기 어려운 이유를 다음과 같이 제시하고 있다.

첫째, 실패에 대한 두려움 때문이다.

둘째, 이전의 의사결정권자에 대한 도전으로 여겨지기 때문이다.

셋째, 아직 자신에게 충분한 권한 부여가 이루어져 있지 않기 때문이다.

결국 이들에게 강한 용기와 도전의식이 없다면 권한 부여를 실행하기란 대단히 어렵게 때문에 권한 부여의 효과가 실질적으로 이루어지기 위해서는 권한 부여로부터 부담감이 없는 學校風土가 조성되어야 한다.

③ 비전 공유

비전 공유란 조직 전체에 걸쳐 목표, 가치, 사명 등에 대한 공감대를 형성하는 것으로써 리더의 역할이 중요하다. 여기서는 조직이 추구하는 방향이 무엇이며, 그 중요성에 대한 공유된 비전을 제시하는 것이다. 교육목표와 과업을 명료하게 하고 구성원들에게 인식시키는 것은 구성원들에게 힘을 실어주고 혁신적인 조직을 발전시키는 데 매우 중요하다. 학교가 추구하는 목적과 과업에 대해 구성원들이 광범위하게 共感帶를 형성하고 있을 때 이들은 보다 주도적으로 책임을 지고 참여하려고 할 것이다. 미래의 비전을 공유하기 위해서는 학교 구성원 개개인의 가치, 관심, 열망 등이 통합된 개인적인 비전을 창출할 수 있도록 적극적으로 고무시켜야 한다. 이렇게 창출된 개인적인 비전을 토대로 조직 전체가 추구하는 방향을 참고하여 비전을 공유해야 한다. 학교가 추구하는 비전과 교육목표는 다수가 공감하는 의견 수렴 가운데 설정되고 이러한 비전과 목표는 학교 행정가, 교사, 학생, 학부모가 함께 공유되어야 한다. 학교교육목표를 달성하기 위한 교장의 역할은 매우 중요하다(Snyder, 1997b; Hodgkinson, 2002). 따라서 교육과정과 교육 서비스의 지속적인 개선을 위한 비전과 목표의 공유가 이루어져야 한다. 이와 같이 학교에서 유지되어야 할 우선 과제는 지속적인 개선을 위한 비전과 목표의 공유이다. 학교가 기업처럼 공유된 비전과 정신 모델을 중심으로 응집된 힘을 가질 수 있다면 학급 전체의 효율성뿐만 아니라 개개인 학습자의 학습에도 큰 영향을 미칠 수 있을 것이다.

④ 전문성 개발

조직 구성원들은 직무수행 및 교육 활동에 필요한 제반 기술과 능력을 개발하기 위해 다양한 학습 활동을 전개할 필요가 있다. 비효율적인 조직은 대부분 조직 구성원들의 낮은 질 관리에서 비롯된다. 구성원들의 능력개발은 조직문화에 있어서 중심 역할을 한다. 조직의 전문성 개발은 학습 리더의 지속적인 학습 활동 제공과 조직 리더의 적극적인 헌신 및 지원이 없으면 이루어질 수 없다.

지속적인 학습은 교원의 자기개발에 근간을 두고 있다. 이를 위해서는 교원 개개인에게 다양한 교육과 훈련을 제공하여 잠재능력을 개발하고 발휘할 수 있는 기회를 주어야 한다. 또한 다양한 장학의 본질적 목적을 활성화하여 교직원의 전문성을 계속적으로 향상시키기 위해 일정 주기의 練修를 강화해야 한다.

⑤ 체제적 사고

체제적 사고에서는 발상의 전환을 강조한다. 발상의 전환을 통해 단편적인 접근태도를 버리고 전체적인 유기체로써 문제를 파악하는 것이 중요하다. 체제적 사고를 위해서는 인과관계들 간의 고리를 연결해 사안을 총체적으로 파악하는 방법이 무엇보다도 중요하다. 이를 위해서는 시스템 원형의 기초를 알아야 하며, 이러한 사고를 통해 조직 시스템을 완벽하게 이해할 수 있다고 본다.

학습조직은 부분적 사고보다는 체제적 사고를 요구한다. 조직은 有機體라는 인식과 문제를 總體的으로 바라보는 것이 문제의 해결을 위해서도 필요하다.

2) 지원 시스템 요인

1990년대 초반에는 학습을 촉진하는 요인을 구성원들의 행동 특성에서 찾았으나, 1990년대 후반으로 오면서 학습조직의 개념을 적용하는 데 있어 시스템 요인을 강조하고 있다. ASTD에서는 1995년에 Bennet과 O'Brien(1994), Nevis, DiBella와 Gould(1995)가 제시한 학습조직을 만드는 데 필요한 촉진요인들을 종합하여 학습조직의 분석틀을 개발하였다(Gephart, Marsick, Buren과 Spiro, 1996). ASTD에서는 세 가지 학습수준과 학습조직을 구축하기 위한 시스템 요인 아홉 가지를 제시하였다.

ASTD에서 리더십과 관리, 문화, 정보, 지식 등을 강조한 반면, Gephart, Marsick, Buren과 Spiro(1996)는 리더십과 관리, 문화, 의사소통과 지식 시스템, 구조 등을 강조하였다.

Pedler, Burgoyne과 Boydell(1991)은 학습조직 관련 문헌을 검토하고 현장 담당자들과 인터뷰한 결과를 바탕으로 다음과 같은 학습기업의 열한 가지 특성을 추출하였다. 여기서는 학습조직이란 말을 사용하지 않고 學習企業이란 용어를 사용하고 있다. 조직은 정적인 이미지를 풍기는 데 반해 기업은 공동목표를 달성하기 위해 일단의 팀 구성원들이 서로 협력해서 프로젝트를 추진하는 생명력 있는 유기체임을 강조하기 때문이다.

학습기업은 다음과 같은 열한 가지 요소를 그 특징으로 가진다 (Pedler 외, 1991; Watkins와 Marsick, 1996). 이와 같이 ① 전략에 대한 학습적 접근, ② 참여 지향적 정책 형성, ③ 정보 공유의 촉진, ④ 건설적인 회계와 통제, ⑤ 사내 의사소통 촉진, ⑥ 보상 구조의 융통성, ⑦ 유연한 조직 구조, ⑧ 정보채널의 구축, ⑨ 기업 간 학습 활동, ⑩ 학습 분위기 조성, ⑪ 자기개발의 기회 확대 등 열한 가지 요소는 학습기업의 활동에서 각각 전략, 조직 내부, 조직 외부, 학습기회, 조직 구조 등의 영역으로 제시할 수 있다.

학습조직에 관심을 가진 초기 연구자들은 학습조직의 패러다임이 이전의 조직 구조나 시스템과 전혀 다르다는 점을 부각시키려 하였다. 하지만 Gephart, Marsick, Buren과 Spiro(1996)는 조직의 시스템을 학습조직을 촉진하는 방향으로 전환시켜 나가기 위해서 조직의 시스템에 대한 측정이 중요하다고 하였다. 촉진요인은 리더십과 관리, 의사소통과 지식 시스템, 문화, 구조 등을 들고 있다.

Marquardt(1996)는 학습조직은 학습, 조직, 사람, 지식, 기술 등 다섯 개의 하위체제의 상호 관련성과 보완적인 관계를 가지고 있다고 주장하고 있다. 학습을 중심으로 이루어지는 하위체제는 세 가지 수준의 학습과 학습유형, 그리고 senge(1990)가 주장하는 다섯 가지 학습의 원리를 포함하고 있다. 학습이라는 의미는 조직 외부환경의 변화에 능동적으로 대응해 가는 과정(process)으로 해석하고, 학습은 조직의 끊임없는 自己開發과 改革의 수단으로 인식되고 있다.

또한 Marquardt와 Reynolds(1994)는 조직학습 활동을 결정짓는 특징으로는 수평적 조직 구조와 같은 적절한 구조, 기업학습문화, 권한과 능력의 함양, 환경 분석, 지식창출과 이전, 학습기술, 품질, 전략, 지원 분위기, 팀워크와 네트워킹, 비전 공유 등을 제시하였다.

또한 Redding(1997)은 학습조직의 측정 범주를 학습의 수준과 조직의 시스템 두 가지로 나누고, 이를 측정하기 위한 기본 틀을 제시하였다.

Green(2000)은 학교가 실제로 학습조직으로 운영되고 있는지를 규

명하였다. 이는 Senge(1990)가 주장하는 학습조직의 다섯 가지 구성
요인들을 통해 학교의 의사소통 구조, 구성원 간의 상호 작용, 문제
해결력, 학교문화와의 관계를 분석하였다.

　구성원의 행동 특성과 조직 시스템을 동시에 강조한 이론가는 Tobin
(1993)과 Nevis 외(1993)를 들 수 있다. Tobin(1993)은 학습조직의 촉
진요인으로 가시적인 지도성, 사고능력, 기능의 장애요인의 극복, 효과
적인 팀 학습의 구축 유지, 촉진자로서의 관리자 등을 들고 있다.

　또한 Nevis 외(1993)는 관찰력, 성과 격차, 측정에 대한 관심, 실험
정신, 개방적 분위기, 지속적인 교육운영상의 다양성, 다수의 주창자,
참여적 리더십, 시스템 관점 등 열 가지를 제시하였다.

　〈표-11〉에서는 조직 구조와 관리 시스템 요인에 초점을 둔 학습조
직 연구들을 종합한 것이다.

〈표-11〉 시스템 요인에 관한 연구

연구자	학습조직 촉진 요인
Pedler, Burgoyne & Boydell	① 전략적 학습접근 ② 참여적 정책결정 ③ 정보 공유 ④ 형성적인 회계와 통제 ⑤ 내적 교류 ⑥ 유연한 구조 ⑦ 외부 정보채널 구축 ⑧ 기업 간 학습 활동 ⑨ 학습풍토
Gephart, Marsick, Buren & Spiro(1996)	① 비전과 전략 ② 리더십과 관리 ③ 문화 ④ 구조 ⑤ 변화관리 ⑥ 시스템과 프로세스 ⑦ 의사소통 · 정보 · 지식 시스템 ⑧ 테크놀러지 ⑨ 업무성과 관리 · 지원 시스템
Arthur Anderson Co. & APQC(1996)	① 리더십 ② 테크놀러지 ③ 문화 ④ 측정
Gephart, Marsick, Buren & Spiro(1996)	① 리더십과 관리 ② 의사소통과 지식 시스템 ③ 문화 ④ 구조
Marquardt(1996)	① 학습 차원 ② 조직 차원 ③ 사람 차원 ④ 지식관리 차원 ⑤ 기술 차원
Marquardt & Reynolds(1994)	① 적절한 구조 ② 기업 학습문화 ③ 권한 위임 ④ 환경 분석 ⑤ 학습기술 ⑥ 지식창출과 전이 ⑦ 품질 ⑧ 학습 전략 ⑨ 지원 분위기 ⑩ 비전의 공유 ⑪ 팀워크와 네트워킹
Redding(1997)	① 비전과 전략 ② 리더십과 관리 ③ 문화 ④ 구조 ⑤ 의사소통 · 정보 · 지식 시스템 ⑥ 업무성과 관리 ⑦ 테크놀러지
Green(2000)	① 의사소통 구조 ② 구성원 간의 상호 작용 ③ 문제 해결력 ④ 학교문화
Tobin(1993)	① 가시적 리더십 ② 기능적 문맹의 극복 ③ 기능적 편협성 극복 ④ 효과적인 학습팀 구성 ⑤ 촉진자로서의 관리자
Nevis, Dibella & Gould(1995)	① 관찰력 ② 업무성과 격차 ③ 측정에 대한 관심 ④ 실험 정신 ⑤ 개방적 분위기 ⑥ 지속적인 교육 ⑦ 운영의 다양성 ⑧ 다수의 주창자 ⑨ 참여적 리더십 ⑩ 체제적 관점

〈표-10〉에서 제시된 시스템 요인을 참고하여 본 연구에서 리더십, 조직 구조, 학습 풍토, 정보 시스템 네 가지로 정리하였다. 이들 네 가지 학습조직 시스템 요인을 정리해 보면 〈표-12〉와 같다.

〈표-12〉 시스템의 공통요인

공통요인	유사요인	연 구 자
① 리더십	• 가시적 리더십 • 참여적 리더십 • 리더십과 관리 • 리더십	▫ Tobin(1993) ▫ Nevis, Dibella & Gould(1995) ▫ Gephart, Marsick, Buren & Spiro(1996) ▫ Arthur Anderson & APQC(1996)
② 조직 구조	• 유연한 구조 • 조직 차원 • 구조	▫ Pedler, Burgoyne & Boydell(1991) ▫ Marquardt(1997) ▫ Gephart, Marsick, Buren & Spiro(1996) ▫ Redding(1997)
③ 의사소통	• 개방적 분위기 • 의사소통과 지식 시스템 • 의사소통 • 내적 교류	▫ Nevis, Dibella & Gould(1995) ▫ Marquardt & Reynolds(1994) ▫ Gephart, Marsick, Buren & Spiro(1996) ▫ Redding(1997) ▫ Pedler, Burgoyne & Boydell(1991)
④ 정보 시스템	• 외부 정보채널 구축 • 팀워크와 네트워킹 • 정보·지식 시스템	▫ Pedler, Burgoyne & Boydell(1991) ▫ Marquardt & Reynolds(1994) ▫ Redding(1997)

본 장에서 논의된 학습조직에 관한 조직의 지원 시스템 요인을 각각 요약하면 다음과 같다.

① 리더십

학습조직에서 리더십이란 관리자들이 지식창출과 학습 활동에 우선적 가치를 부여하는 비전과 목적을 설정하고, 이를 실천할 수 있는 제도, 문화, 프로세스, 절차, 재원 등을 지원하며, 현장에서 개인과 집단의 학습 활동이 활성화되도록 이끌어 나가고 지원해 주는 역할을 의미한다.

학습조직을 구축하고 발전시킴에 있어서 리더는 결정적인 역할을 수행한다. 따라서 학습조직에 있어서 리더는 조직으로 하여금 학습조직 철학을 지원함에 필요한 문화, 시스템, 제도 등을 변화시킬 수 있다는 사람이기 때문에 많은 이론가들은 실무자들에게 학습조직을 성공으로 강조되고 있다(송경근, 1994). Senge(1990)는 학습조직을 위한 새로운 리더십을 강조해 왔으며, 이러한 리더십은 학습조직의 최고 관리층뿐만 아니라 중간 관리자들에게도 필요하다고 하였다. 특히 학습조직에서 필요로 하는 리더십은 去來的 리더십보다는 變革的 리더십이 더 적절하다.

② 조직 구조

개방된 조직은 구성원들이 개인들의 인사관리에 관한 일체를 조직에 의존하고 있는 엄격하고 수직적인 조직이 수평적이고 군살이 없는 조직으로 보다 개방적이고 신뢰적인 조직문화 풍토를 지닌 유기적인 조직을 의미한다. 이러한 유기적인 조직 구조는 환경의 변화에 대한 변동 대응능력의 확보와 조직 혁신 그리고 다양한 전문가들의 조정 등을 촉진하는 특징을 가지고 있어 조직의 융통성과 창의성을 유발시켜 준다.

조직의 구조는 조직의 활력을 유지하고 조직 구성원들에게 하나의 방향으로 움직일 수 있도록 하는 방향 제시의 역할을 한다. 업무성과가 높은 효과적인 조직이 되기 위해서, 조직의 구조는 조직의 비전과 일치되도록 설계될 필요가 있다.

③ 의사소통

학습조직에서 의사소통은 상대방의 입장, 의견 그리고 기본 가정에 대해서 솔직하게 드러내 놓으면서 좀더 나은 대안을 탐색해 나가는 것을 의미한다. 또한 개방적 의사소통은 각자의 업무성과에 대하여 자유롭게 피드백을 주고받는 것을 포함한다. 업무성과에 대한 자유로운 피드백은 업무목표와 실제 업무성과 간의 격차를 인식할 수 있도록 도와줌으로써 새로운 통찰력과 기술을 개발할 수 있는 계기를 마련해 준다.

④ 정보 시스템

정보 시스템은 기존의 전화, 팩스 등과 같은 전통적인 정보 전파 방식 이외에도 E-mail, 인터넷, 전자 게시판, 컴퓨터 컨퍼런싱 시스템, 전자 화상 회의, 사무자동화 시스템, 전자 성과 지원 시스템, 지식 전문가 시스템 등 다양한 정보 매체를 통하여 정보와 지식을 창조하고, 해석하고, 연결하고, 공유하며, 축적하고 활용할 수 있는 복합적인 정보 지식관리 시스템을 의미한다.

학습조직에서의 중요한 성공요인 중 하나는 개개 구성원들이 소유한 정보나 지식을 조직 차원에서 습득하고 이를 다른 구성원들이 쉽게 사용할 수 있도록 저장하고 배분하는 것이다. 이를 위해서는 데이터베이스와 같은 정보 인프라가 구축되어 있어야 한다.

성공적인 학습조직이 되려면 외부로부터 정보를 입수하고 창출-전파-보급하는 과정에 첨단 정보기술을 활용해야 한다고 보고, 이는 조직의 업무 효과를 제고시키고 각종 자료와 정보 및 지식을 필요한 사람에게 적시에 공급을 가능하게 한다. 또한 다양한 소프트웨어를 활용하면 조직 구성원들의 집단적 협력 활동을 강화시켜 주고 다양한 관점이나 견해를 공유할 수 있게 해 주어서 조직의 분위기를 開放化하는 데에도 기여하는 만큼 정보 기술의 활용은 조직의 학습에 지대한 영향을 미친다고 주장하고 있다.

3) 학습의 실천과정 요인

1990년대 초반에 학습조직의 연구 경향은 이상적인 학습조직을 촉진시킬 수 있는 조직 구성원의 행동 규범이나 행동 특성에 초점을 두었다. 그 후 학습조직을 촉진하는 지원체제로서 조직 구조적 요인 및 학습 방법적인 측면에 비중을 두고 있다.

학습프로세스에 근거한 연구자로는 Huber(1991)와 Nonaka(1994)를 대표적으로 들 수 있으며, 학습과정 요인은 지식의 창출, 활용, 공유, 저장 등이다. 또한 조직의 位階的 학습유형 요인을 강조한 연구자로는 Argyris & Schon(1981)과 Senge(1990)로, 학습위계 요인으로는 학습수준 활성화, 학습유형의 활성화를 들 수 있다. 이러한 것들은 학습을 실천하는 과정과 활동 자체에 비중을 두고 있다. 더구나 위계에 기초한 조직의 학습유형은 조직학습과 학습조직의 이론적 체계화 및 학습조직의 본질적인 특성을 이론적으로 잘 설명해 주고 있지만, 이러한 구분 자체를 현실에 적용하는 데는 많은 어려움이 있다. 따라서 학습조직을 연구하는 자들은 학습조직을 측정하고 진단할 때 전통적으로 제기되어 온 위계적인 조직의 학습유형보다는 학습수준에 의해 구분되는 개인학습, 팀 학습, 조직학습의 세 가지 학습유형을 채택하는 경향이 있다.

Kolb(1984)가 개인학습 4단계 사이클의 원형을 제시하였다면, Huber(1991)는 조직학습의 과정을 강조하고 있으며, 특히 정보습득에서 지식획득, 정보분배, 정보해석, 그리고 조직 차원의 기억 등 4단계로 구분하여 설명하고 있다. Shaw와 Perkinds(1991)는 March와 Olsen(1991)의 학습조직모형을 이론적으로 더욱 발전시켜 개인의 신념체계, 실천행위, 그리고 실천결과 간의 인과관계 파악에서 실천적 행위의 결과에 후속되는 省察的 行動과 이로 인한 통찰의 중요성을 부각시켰다.

Watkins와 Marsick(1993)은 학습조직의 일반적인 특징을 반영하는 모형을 제시하고 있다. 학습조직이란 개인, 집단, 조직수준에서 일어나는 것으로 개인학습, 팀 학습, 조직학습을 중요성을 역설하였다.

그리고 Marquardt(1996)는 학습조직을 하나의 체제로 보고 구성요소를 ① 학습, ② 조직, ③ 사람, ④ 지식, ⑤ 기술 등 다섯 개의 하위체제의 상호 관련성과 보완적인 관계를 제시하였다. 학습을 중심으로 이루어지는 하위체제는 세 가지 수준의 학습과 학습유형, 그리고 Senge(1990)가 주장하는 다섯 가지 학습의 원리를 포함하고 있다. 세 가지 수준의 학습은 개인학습, 팀 학습, 조직학습을 의미하며 학습유형은 적응적 학습, 생성적 학습, 단순 순환적 학습, 이중 순환적 학습 등을 포함하고 있다.

그리고 Garvin(1993)은 좀더 실천적인 면을 강조하면서 학습조직은 지식을 창조·획득·전이하고, 조직이 새로운 지식과 통찰을 반영하도록 조직의 행동을 조절하는 데 능숙한 조직으로 규정하였다. 특히 그는 학습조직에 대한 정의 및 그 실체가 모호하고 학습조직 구축의 처방도 너무 추상적인 수준에 머물고 있기에 개념에 대한 의미, 관리법, 그리고 측정법을 명확히 해야 한다고 주장하였다.

ASTD에서는 1995년에 Bennet과 O'Brien(1994), Nevis, DiBella와 Gould(1995)가 제시한 학습조직을 만드는 데 필요한 촉진요인들을 종합하여 학습조직의 분석 틀을 개발하였다(Gephart, Marsick, Buren과 Spiro, 1996). ASTD에서는 세 가지 학습수준과 학습조직을 구축하기 위한 시스템 요인 아홉 가지를 제시하였다.

박광량(1994b)은 학습조직의 등장배경이 환경의 변화에 따른 것이고, 환경이 변하면 조직도 변해야 한다. 따라서 조직을 구성하고 있는 구성원(인간)과 업무도 당연히 변해야 한다고 하였다. 학습조직의 진단과 구축도 이러한 4개 주요 영역을 ① 환경, ② 조직, ③ 과업, ④ 인간 차원으로 보고, 각 영역에서의 주요한 행동지침을 영역별 학습조직 구축의 4C전략이라고 하였다.

또한 권석균(1996a)은 학습공동체의 구현 모형에서 學習共同體의 핵심가치를 학습문화와 연계시키고 있다. 그는 학습공동체란 개인·집단·조직·사회 등의 모든 차원에서 새로운 지식의 창출이 자유롭게 이루어질 뿐만 아니라, 더 나아가 이들 개인·집단·조직·사회 수준 간의 다차원적인 지식 이전을 통한 이차적 지식창출이 활성화되어 있는 기업의 모습이라고 정의를 내린다. 그리고 이와 같은 학습공동체의 구현방안으로서는 ① 개인학습에 필요한 학습문화로서의 열정의 부여, 창조성의 발휘, 전문능력의 강화를, ② 집단학습에서는 신뢰기반 구축, 커뮤니케이션의 활성화, 팀워크 강화 문화를, ③ 조직학습에서는 시스템 사고, 전략 공유, 권한 확대의 확산 문화가 필요함을 역설하고 있다.

유영만(1996)은 학습조직의 구축은 ① 문화, ② 사람, ③ 경영관리, ④ 테크놀러지의 네 가지 차원에서의 총체적 노력이 필요하다고 하였다.

학교를 학습조직화하는 데 가장 중요한 요소 중 하나는 조직 내의 구조적 지원이다. 구성원들 간의 자유로운 의사소통과 부하 직원의 좋은 아이디어가 조직의 의사결정에까지 영향을 미칠 수 있는 수평적인 조직 구조를 가지고 있어야 한다(Watkin와 Marsick, 1993).

또한 학습조직에서 기술적인 구조는 의사소통에서 시간이나 물리적 특성을 극복하고, 정보를 효율적으로 관리하며, 멀티미디어를 통한 학습의 촉진을 하는 역할을 한다. 따라서 학습조직은 이러한 기술적인 지원체제를 갖추고 있어야 한다.

〈표-13〉은 학습 실천과정 요인에 초점을 둔 학습조직 연구들을 종합한 것이다.

〈표-13〉 실천과정 요인에 관한 연구

연구자	실행 과정 요인
Huber(1991)	① 지식 획득 ② 정보 전파 ③ 정보 해석 ④ 지식 기억
Schwandt(1992)	① 환경적 상호 연계 ② 행동과 반성 ③ 기억과 의미 ④ 유포와 확산
Watkins & Marsick(1993)	① 개인학습 ② 팀 학습 ③ 조직학습
Dixon(1994)	① 정보 창출 ② 정보 통합 ③ 집단적 해석 ④ 행동
Nonaka(1994)	① 사회화 ② 외형화 ③ 조합 ④ 내면화
Marquardt(1996)	① 개인학습 ② 팀 학습 ③ 조직학습
ASTD(Gephart, Marsick, Buren & Spiro)(1996)	① 개인학습 ② 팀/집단학습 ③ 조직학습
Garvin(1993)	① 지식창조 ② 지식획득 ③ 지식전이
박광량(1994)	① 개인 차원 ② 업무 차원 ③ 조직 차원 ④ 환경 차원 ⑤ 지식공유
권석균(1996)	① 개인 차원 ② 업무 차원 ③ 조직 차원 ④ 지식창출 ⑤ 지식공유 ⑥ 지식저장
유영만(1996)	① 개인 차원 ② 업무 차원 ③ 조직 차원 ④ 지식창출

〈표-12〉에서 제시된 학습의 실천과정 요인을 참고로 하여 본 연구에서 지식창출, 지식공유, 지식저장, 지식활용 등 네 가지로 정리하였다. 이들 네 가지 학습의 실천과정 요인을 정리해 보면 〈표-14〉와 같다.

<h3>〈표-14〉 실천과정의 공통요인</h3>

공통요인	유사요인	연 구 자
① 지식창출	• 지식창출 • 지식창조 • 지식창출	▫ Dixon(1994) ▫ Garvin(1993) ▫ 권석균(1996), 유영만(1996)
② 지식공유	• 정보 전파 • 팀 학습 • 유포와 확산 • 지식전이 • 지식공유	▫ Senge(1990) ▫ Watkins & Marsick(1993) ▫ Schwandt(1992) ▫ Garvin(1993) ▫ 권석균(1996), 박광량(1994)
③ 지식저장	• 지식 기억 • 정보 통합 • 내면화 • 기억과 의미 • 지식저장	▫ Huber(1991) ▫ Dixon(1994) ▫ Nonaka(1994) ▫ Schwandt(1992) ▫ 권석균(1996)
④ 지식활용	• 지식 적용 • 지식활용 • 업무수행	▫ ASTD(Gephart, Marsick, Buren & Spiro)(1996) ▫ Marquardt(1997)

본 장에서 논의된 학습의 실천과정에 관한 요인을 요약 정리하면 다음과 같다.

① 지식창출

학습조직이 되기 위한 학습유형은 적응적 학습과 생성적 학습으로 구분할 수 있다. 적응적 학습은 환경적 변화에 대처하고 필요를 충족

하며 설정되어 있는 표준에 맞추기 위한 수동적·현재 지향적 학습이
며 증상의 표면적 개선에 초점이 있다. 이에 반해 생성적 학습은 需
要者의 잠재적 능력을 파악하는 능력과 관계된 것으로 적극적·미래
지향적인 創造의 학습개념으로 문제의 근본적인 원인을 발견하고 대
처하려는 노력이다.

② 지식공유

학습조직에서 팀워크와 협동을 장려한다. 구성원들은 팀 단위로 일
하면서 문제 해결에 집단적인 기술과 지식을 동원하고 조직을 위한
혁신적인 아이디어를 개발하게 된다. 팀이 효과적으로 운영되기 위해
서는 다양한 기능 분야의 구성원들로 구성하는 것이 좋다.

位階的 학습유형은 조직학습과 학습조직의 이론적 체계화 및 학습
조직의 본질적 특성을 잘 설명해 준다. 학습조직이 되기 위한 가장
중요한 요소 중 하나는 개인과 조직 내 팀들의 학습하고자 하는 의지
와 학습능력이다(Senge, 1990; Marquardt, 1996). 개인학습은 팀 학
습이 일어나는 토대를 만들어 주고, 팀 학습은 개인학습을 촉진하고
지원하며, 조직학습이 일어날 수 있도록 토대를 만들어 줌과 동시에
개인학습과 조직학습을 연계하는 역할을 수행한다. 그리고 조직학습
은 팀 학습과 개인학습을 촉진하며, 제도적으로 학습을 지원해 주는
역할을 수행한다.

③ 지식저장

지식의 획득은 조직 내에서 개개인이 학습한 내용을 수집하거나
조직 외부에서 조직에 필요한 정보나 지식을 습득하는 과정을 의미하

며 또한 이렇게 수집된 정보를 통합하여 새로운 지식을 창조하는 모든 과정을 모두 포함한다. 저장된 정보는 구성원들이 쉽게 문제 해결이나 다음 학습을 위해 사용될 수 있도록 배분되고 활용될 수 있도록 관리가 되어야 한다.

학습조직에서는 구성원이 창출하거나 습득한 知識의 共有와 轉移 능력을 키운다. 특히 지식과 정보의 개방과 유통이 중요하다. 학습은 얼마나 정보에 근접할 수 있느냐에 좌우되므로 모든 구성원들이 조직의 모든 정보에 균등하게 접근하고 공유할 수 있도록 해야 한다. 아이디어는 소수의 사람이 아니라 널리 공유될 때 최대의 효과를 얻을 수 있다. 학습된 지식과 기술이 공유될 수 있도록 조직은 보다 열린 제도를 구축해야 한다.

④ 지식활용

구성원의 다양한 학습 활동은 구조화된 공식적인 교육훈련 프로그램에만 의존할 것이 아니라 외부에서 일어나는 다양한 경험을 도입할 필요가 있다. 특히 일상적인 업무수행과정에서 동료교사들과 팀워크를 이루거나 또는 비공식적으로 상호 작용하는 가운데 자연스럽게 이루어지는 학습을 촉발하고 학습결과를 교사 전체가 공유할 수 있는 構造와 風土를 형성하여야 한다.

관련 문헌의 고찰에서 밝힌 바와 같이 여러 학자들이 학습조직에 대한 측정내용을 제시하고 있다. 그러나 조직의 다양성으로 인하여 일치된 견해를 찾아보기에는 한계가 있다. 이에 따른 이유는 연구자들의 조작적 정의가 표준화되어 있지 못하고, 연구 방법이 다르기 때문에 학습조직의 측정변인도 학자마다 다르게 선정되고 있다.

여러 학자들이 제시한 학습조직의 개념을 살펴보면 조직의 학습을 중요시하고 있다. 학습조직의 특징 중 하나는 학습을 개인적 차원이 아닌 조직 차원의 체제적인 접근이 강조되고 있음을 의미한다. 다시 말하면 조직체 내의 모든 학습은 개개의 학습을 통해 일어나지만 궁극적으로 학습조직에서의 학습은 개개학습의 단순한 합 이상이 되어야 한다(Watkins, 1996; Dixon, 1997). 따라서 조직학습은 개인의 학습과정과 결과를 공유함으로 가능하다는 것이다.

학교의 학습조직화는 학교체제의 구성요소라 할 수 있는 학교 구성원의 행동 특성, 학교의 조직이나 구조 등의 역학관계에 기인한다. 학교가 학습조직이 되기 위해서는 체제적 관점에서 분석할 필요가 있다. 더구나 개인학습과 조직학습이 活性化되어야 하고, 이러한 학습 활동의 결과가 전체 조직 차원에서 共有되고 조직과 개인의 문제 해결을 위해 활용될 수 있어야 한다. 학습조직은 또한 개인학습과 조직학습 그리고 학습결과의 공유와 활용과정이 조직 차원에서 제도적, 문화적 기술적 측면에서 지원되어야 한다.

학교조직이 통합적 조직 형태를 갖추기 위해서는 조직의 힘을 응집하기 위한 구심점이 될 수 있는 조직의 비전을 모든 구성원들이 공유할 필요가 있다. 학교가 추구하는 목표를 명료화하여 구성원들 간에 공감대를 형성시켜 명확하게 인식할 수 있도록 해야 한다. 이상과 같이 학교의 학습조직화에 결정적으로 영향을 미치는 것으로 밝혀진 변인으로는 학교 구성원 상호간의 대인지각에 의해 조성되는 학교의 사회심리학적 환경으로써 학교를 특징짓는 규범, 기대, 태도, 가치관, 신념체계 등이 있다. 학교의 구조적 측면에서는 조직의 구조는 구성원들이 지도력을 공유하고 의사결정에 적극적으로 참여할 수 있도록

位階가 짧고, 分權的이며, 작업환경에서 형식화되어 있는 절차가 가능한 적어야 한다. 또한 구조화된 공식적 교육훈련 프로그램에만 의존할 것이 아니라 일상적인 업무수행과정에서 동료교사들과의 팀워크와 협동이 요구된다.

학교장은 통제자나 감독자보다는 促進者로써 교사 전체가 효과적인 학습능력을 개발할 수 있도록 필요한 여건을 조성해 줄 수 있어야 한다. 또한 학교 의사결정체계의 관료화를 약화시키고 형식적인 절차를 줄여서 교사의 재량권을 확대시켜야 한다. 구성원이 창출하거나 습득한 지식의 공유와 전이 능력을 키운다. 특히 지식과 정보의 개방과 유통이 중요하다. 구성원들은 가능한 필요한 정보를 입수하고 다양한 관점에서 다양한 대안들을 고려할 수 있어야 한다. 학습조직이 되려면 다양하고 광범위한 정보를 구성원들에게 익숙하고 근접하게 만들 수 있어야 한다. 즉 정보를 제공할 수 있어야 할 뿐 아니라 구성원들이 정보를 찾으려는 동기까지 유발시킬 수 있어야 한다. 교사의 專門性을 향상시키기 위해서는 학교를 학습조직으로 만들어야 한다. 따라서 학습조직은 학교 구성원의 신념과 기대와 같은 사회 심리적 영향을 받으며 조직의 구조 및 체제 속에서 내·외적인 변인이 복합적으로 상호 인과적 관계를 맺고 있다.

학습조직은 학교 구성원의 신념과 기대와 같은 사회 심리적 영향을 받으며 조직의 구조 및 체제 속에서 내·외적인 변인이 복합적으로 상호 인과적 관계를 맺고 있다. 따라서 측정변인에 대한 선정 기준으로 첫째, 학교구성원 개개인이 지니고 있는 행동 특성, 둘째, 조직의 지원 시스템, 셋째, 학습의 실천과정으로 행태적, 구조적, 과정적 특성이 반영된 통합적인 개념으로 파악하였다.

이와 같은 기준에 따라 선정된 13개의 측정변인들을 학습조직 차원에 따라 구성원의 행동 특성, 조직의 지원 시스템, 학습의 실천과정으로 나누어 제시하면 다음과 같다. ① 신념체계, ② 권한 부여, ③ 비전 공유, ④ 전문성 개발, ⑤체제적 사고, ⑥ 리더십, ⑦ 조직 구조, ⑧ 의사소통, ⑨ 정보 시스템, ⑩ 지식창출, ⑪ 지식공유, ⑫ 지식저장, ⑬ 지식활용 등이다.

나. 측정변인의 조작적 정의

1) 신념체계

신념체계는 학교구성원들의 가치관이나 태도를 의미하는 것으로 교직에 대한 몰입 정도와 직무수행의 만족 정도를 나타내는 교직관을 의미한다. 이에 따른 하위요소는 ① 실험정신과 도전의식, ② 교직생활의 몰입 정도, ③ 학습자의 기대 반영 등을 설정하였다.

2) 권한 부여

권한 부여는 학교 구성원들로 하여금 스스로 사고하고 판단할 수 있는 기회를 부여하고, 동시에 책임의식을 제고하여 조직의 발전에 많은 기여를 하도록 하는 것이다. 모든 조직 구성원들에게 자율성을 부여하여 학교조직을 자율적인 조직으로 변화하게 하는 것을 말한다. 이에 따른 하위요소는 ① 교사의 자율성, ② 의사결정의 권한 부여, ③ 교사의 참여 확대 등을 설정하였다.

3) 비전 공유

비전 공유란 학교의 모든 구성원들로 하여금 목표, 가치, 사명 등에 대한 공감대를 형성하는 것으로 한다. Senge(1990)와 Marquardt(1996), 이상수(2000)의 연구를 토대로 하여 ① 교육목표와 비전제시, ② 비전의 공유과정, ③ 비전창출의 동기 부여 등의 항목을 개발한다.

4) 전문성 개발

전문성 개발이란 학교 행정가를 포함하여 모든 학교 구성원들이 직무나 교육 활동을 하는 데 필요한 제반 기술과 능력을 개발하기 위해 다양하고 효과적인 교육과 훈련을 받을 수 있는 기반이 마련된 체제를 말한다. 하위변인의 측정문항 개발은 ① 연수 자료의 적절성, ② 연수내용의 효과성, ③ 전문적 지식과 기능, ④ 정보화 기자재 활용 등으로 한다.

5) 체제적 사고

체제적 사고는 발상의 전환을 통해 단편적인 평면적인 접근태도를 버리고 전체적인 유기체로써 문제를 파악하는 사고의 틀을 말한다. 따라서 변수 측정을 위한 설문 문항의 개발은 Senge(1990), Tobin(1993), Witkins와 Marsick(1993)의 연구를 토대로 ① 부문주의의 극복, ② 환경 분석과 대응능력, ③ 성찰 학습, ④ 편협한 사고방식 등의 항목을 개발한다.

6) 리더십

리더십이란 학교장이 학교조직에서 구성원에게 학습을 촉진하고 지식을 공유하도록 장려하고 학습원칙을 나타내는 비전을 창조함으로써 혁신적인 조직변화를 유도하는 것이라 정의한다. 변수의 측정항목 개발은 Bass와 Avolio(1990)의 연구를 토대로 하여 측정한 항목의 개발은 ① 학교 행정가의 학습에 대한 인식 정도, ② 서비스의 질 개선 활동에 대한 학교 행정가의 개입 여부, ③ 지속적인 노력 강조, ④ 비전의 창출 여부의 정도를 설정하였다.

7) 조직 구조

조직 구조란 학교 구성원들의 유형화된 상호 작용을 의미한다. 특히 참여적 조직 구조는 학교 구성원들의 적극적인 의사결정의 참여와 권한 위임이 인정되는 것들을 의미한다. 그에 따른 측정문항 개발은 Marquardt(1996)의 연구를 토대로 하여 ① 학교 구성원들의 의사결정에 참여, ② 상사와 부하직원 간의 의사전달, ③ 동료교사 간의 의사전달, ④ 규정·규칙의 활용 정도 등을 항목으로 개발하였다.

8) 의사소통

의사소통이란 학교의 공동목표를 달성하기 위하여 학교 구성원 간에 지식과 정보를 배분하고 방법과 절차에 대한 합의를 도출하는 과정이다. 그에 따른 측정문항의 개발은 ① 의사소통의 빈도와 방향, ② 정보의 정확성, ③ 정보의 수용, ④ 의사소통 방향의 개방성 등의 항목으로 한다.

9) 정보 시스템

학교 구성원 간의 문제 해결에 대한 창조적 아이디어와 새로운 지식과 정보에 대한 지원체제 및 활용 정도로 정의한다. Hodgetts와 그의 동료(1994)의 연구를 토대로 하여 ① 정보의 공유 여건, ② 정보의 공개 정도, ③ 정보의 정확성 등의 항목을 개발한다.

10) 지식창출

지식의 창출은 학교 내부의 자체적인 지식창출이나 외부를 통하여 지식이 들여오는 어느 한 가지 방식에 고착되기보다는 두 가지 방식을 적절하게 조화시키고 통합시켜 나가는 것이 필요하다. 또한 학습조직에서는 모든 사람이 전문가가 될 수 있다는 사실을 인정하고 그들을 지원해야 한다.

본 연구에서 변인의 측정항목 개발은 ① 조직 내부의 지식창출, ② 외부를 통한 지식창출, ③ 지식창출의 내부 및 외부의 조화와 통합 등의 문항으로 구성한다.

11) 지식공유

지식공유란 학교 구성원들 간에 지식과 정보를 공유함으로써 학습을 향상시키고 새로운 지식이나 이해를 창조하는 프로세스라 할 수 있다. 지식의 공유는 암묵적 노하우(Tacit Know-How)와 같이 표현하거나 전달하기 어려운 지식뿐만 아니라 새로운 기술의 변화, 수요자의 욕구변화, 보고서와 같이 비교적 형태화된 지식을 전파하거나 공유하는 활동이 모두 포함된다.

본 연구에서는 지식공유를 측정하기 위하여 지식 및 정보의 전수에 대한 유무, 정보의 흐름에 대한 신속성, 지식공유에 대한 빈도성, 정보활용에 대한 분위기 조성 등을 들 수 있다.

12) 지식저장

지식저장은 지식의 전파와 공유가 신속하고 광범위하게 일어날 수 있도록 하는 장치 혹은 메커니즘이라 할 수 있다. 즉 지식저장은 창출된 지식을 저장하고, 공유하며, 그 결과의 의미에 대한 해석 등 지식창출 과정을 거쳐서 그 결과를 미래에 사용하기 위하여 조직의 기억장치에 저장하는 것이다.

본 연구에서는 학교에서의 수업 기술 및 활용 기법을 습득하고, 획득한 정보와 지식을 구성원 간에 공유하여 이를 활용하는 것 등의 일련의 과정을 학교조직의 기억 장치에 축적하는 것을 말한다. 이에 따른 하위요소를 ① 개인의 지식 및 정보의 dB화, ② 부서 차원의 지식 및 정보의 표준화, ③ 지식 정보의 영구적 보존 등을 들 수 있다.

13) 지식활용

지식활용이란 학교조직에서 창출되거나 획득된 지식과 정보를 학교 수업과 업무수행에 실제로 적용하여 업무성과나 조직의 효과성 향상에 기여하는 것을 의미한다. 아무리 뛰어난 지식을 창출하거나 획득하였다 할지라도 이를 업무에 활용할 수 없다면, 지식창출의 효과성이 떨어지거나 무의미하게 될 수 있으므로 지식활용의 중요성이 매우 크다. 이에 따른 하위요소로는 ① 교수-학습에의 적용, ② 수업의 활용 정도, ③ 업무수행의 활용 정도 등의 항목을 개발한다.

5. 학습조직의 측정모형

학습조직은 學習이라는 기제를 통해 변화하는 환경에 적응하려는 조직체의 변화 전략이다. 조직변화 모형에서 조직의 구조와 과정, 그리고 구성원의 행위는 서로 간접적인 상호 작용을 하면서 각각 조직의 효과에 영향을 미친다. 일반적으로 학교수준에서 조직변화가 효과적으로 일어나기 위해서는 구성원의 행위, 조직 시스템, 실천과정의 요인들이 상호 관련성을 가지고 역동적인 변화과정을 수행한다.

학습조직은 학습 기제를 통한 力動的 有機體이다. 여기서 학습은 가장 기본적인 요소이며 조직의 지원 시스템, 구성원의 행동 특성, 학습의 실천과정은 전략요소이기도 하다. 학습조직화 접근방법은 행태적 접근, 시스템 접근, 실행 과정적 접근의 세 방향에서 논의할 수 있다. 행태적 접근은 조직 개발 기법과 같이 인간 행동의 변화를 통하여 조직의 변화를 이루려는 방법이다. 이에 따른 하위변인으로는 신념체계, 권한 부여, 비전 공유, 전문성 개발, 체제적 사고를 들 수 있다. 시스템 접근에서는 학습조직화를 위한 지원체제로써 리더십, 조직 구조, 의사소통, 정보 시스템을 들 수 있다. 끝으로 학습을 실천하는 과정에 대한 접근법으로는 지식창출, 지식공유, 지식저장, 지식활용을 하위변인으로 제시하였다. 조직을 구성하는 이들 세 요인들은 서로 유기적인 관계를 맺고 있기 때문에 이들 가운데 어느 한 요인의 변화는 다른 요인의 변화에 영향을 미치게 된다. 조직변화 요인 간의 상

호 영향에 대한 연구들은 어느 특정 요인의 변화가 다른 요인의 변화
에 때로는 목적이 되기도 하고 수단이 되기도 한다. 그리고 조직에서
기술의 변화는 조직의 구조와 과정을 변화시키는 요인으로 작용하고
있으며, 조직 구성원의 행위는 조직변화와 조직효과를 결정하는 주요
변인으로 인식되고 있다.

앞에서 밝힌 바와 같이 학교의 학교조직은 구성원, 시스템, 실천과
정이 유기적인 관계 속에서 지속될 때 가능하다. 본 연구에서는 학습
조직에 대한 실증적 측정변인을 토대로 학습조직화의 정도를 파악하
기 위한 측정모형을 설정하였다.

이 연구에서는 학교체제 속에서 학습조직화에 영향을 미치는 변인
들이 복합적으로 혹은 상호 인과적으로 관련을 맺고 작용하여 학습조
직이 결정된다는 사실을 전제로 하고 앞서 밝힌 학습조직화 측정변인
과 측정도구의 단일 차원성 검증 결과를 토대로 학습조직의 측정모형
을 나타내면 [그림-3]과 같다.

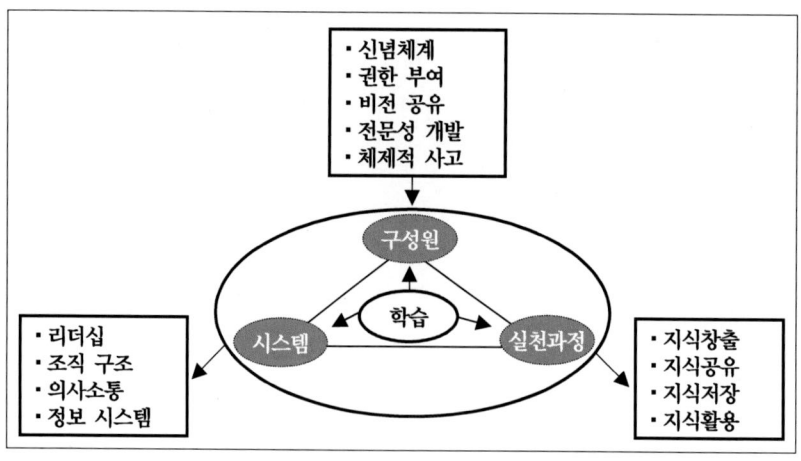

[그림 3] 학습조직의 측정모형

1. 연구 절차

본 연구는 학교의 학습조직화 측정도구를 개발하기 위한 측정변인 탐색, 측정도구 제작, 도구의 검증 단계로 제시하였다.

첫째, 학습조직에 관한 문헌고찰과 선행연구를 분석·종합하여 구성요인을 탐색하고, 구성요인을 관찰하는 측정변인을 추출하였다. 학교의 학습조직화 구성요인으로는 구성원의 행동 특성 차원, 지원 시스템 차원, 학습의 실천과정 차원의 3개 차원으로 설정하였다.

또한 추출된 구성요인에 대한 조작적 정의를 내리고, 각 요인을 측정하는 문항을 선정하였다. 선정된 16개 측정변인과 그에 따른 학습조직 측정문항 총 500개를 수집하고, 이 문항들이 교육 현장에 적용 가능한지를 보기 위해 교육 행정가, 교육 전문직, 교사 30명을 대상으로 학습조직 측정변인들의 내용 타당도를 지적하게 하였다. 우리나라 상황에 부적절한 측정변인과 문항을 제외시켜 13개의 측정변인별로 15-20개씩의 문항 총 212개 문항을 선별하였다.

둘째, 이들 문항에 대한 검사 분석으로 각 측정변인별로 妥當度와 信賴度 검증을 하였다. 예비검사는 2회에 걸쳐 수정 및 선별과정을 거쳐 이루어졌으며, 본 검사에서 문항을 확정하였다. 검증방법으로 타당도 분석은 탐색적 요인분석을 사용하였으며, 신뢰도 분석은 Cronbach α 계수를 구하였다.

셋째, 최종적으로 확정된 문항은 본 검사 단계에서 타당도와 신뢰도 검증을 하였다. 타당도 검증은 LISREL를 이용한 확인적 요인분석을 실행하였으며, 신뢰도 검증은 Cronbach α 계수를 구하였다. 이상의 연구 절차는 [그림-4]와 같다.

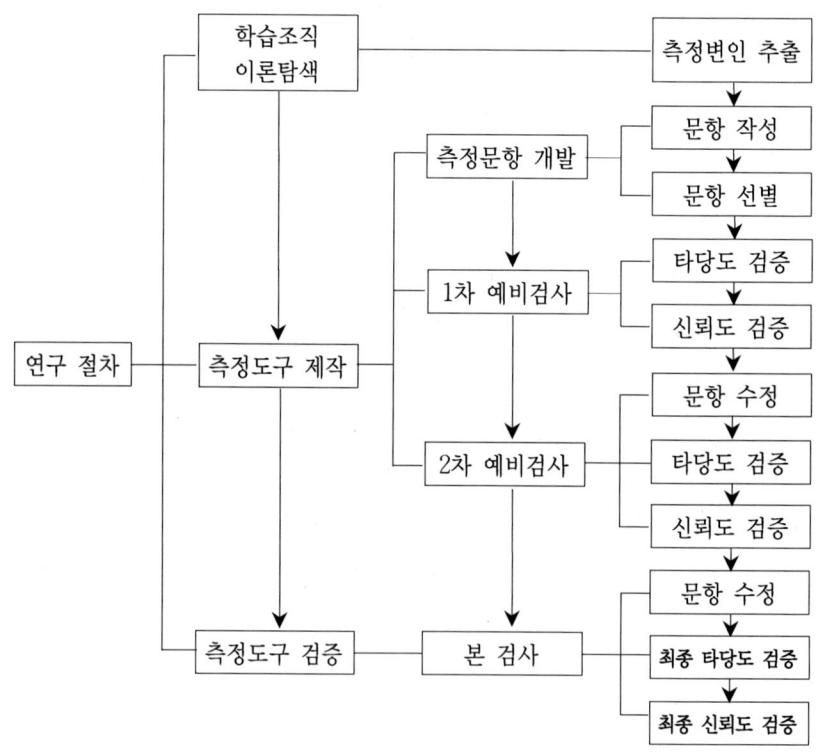

[그림-4] 연구의 절차

2. 표본 선정

본 장에서는 자료의 수집에서 학습조직화 측정도구 개발을 위한 예비검사(1, 2차 검사)와 본 검사 자료 수집을 위한 표본 현황을 기술하고자 한다.

이 연구의 대상은 교사이지만 분석의 測定單位(measurement unit)는 학교조직이므로 전국의 초·중등학교를 본 검사에 포함시키는 것이 바람직하다. 그러나 전국의 모든 학교를 표본 대상으로 하기에는 현실적인 제약조건으로 인하여 수도권 지역으로 한정하여 조사하였다.

본 연구에서는 학습조직화 측정도구의 정확성을 높이기 위하여 1차 및 2차 예비검사를 선행하였으며, 본 검사를 통해 문항을 확정하였다.

가. 예비검사

첫째, 1차 예비검사를 위한 표본 선정은 서울, 경기, 인천에 소재한 30개 학교를 선정하여 250명의 교사들에게 질문지를 배포하였다. 이 중 178부(71.2%)가 회수되었으며 회수된 질문지 중 빈칸이 많거나 한 개의 번호에 동일하게 응답하는 등 불성실하게 응답한 27부를 통계처리에서 제외하였다. 따라서 1차 예비검사에서 사용된 질문지는 151부(60.4%)를 분석 대상으로 하였다.

둘째, 2차 예비검사의 경우 45개 학교를 선정하여 1차 예비검사보다 100명이 많은 350명에게 질문지를 배포하였으며, 이 중 245부(70.0%)가 회수되었으며 회수된 질문지 중 불성실한 응답자의 설문을 뺀 나머지 200부(57.1%)를 통계 처리하여 사용하였다. 2차 예비검

사의 경우 회수율이 낮은 이유는 1차 표집 학교와 동일한 학교에 배
포된 경우가 있어 응답자의 설문 부담으로 인한 것으로 판단된다.

나. 본 검사

본 검사는 1차, 2차 예비검사에 참여하지 않았던 96개교를 선정하
고, 각 학교에서 2년 이상 근무한 교사 5-15명을 무선으로 표집하여
총 1200명의 교사를 대상으로 하였다. 각 학교에서 2년 이상 근무한
교사를 대상으로 한 이유는 그 학교에 대한 상황판단이 가능하다고
보았기 때문이다. 이 가운데 895부(74.3%)가 회수되었으며 불량 응답
이 많은 97부를 제외하고, 총 798부(66.5%)를 최종 통계 처리하여 사
용하였다. 이상에서 예비검사 및 본 검사 표집에 사용된 질문지의 현
황은 〈표-15〉와 같다.

〈표-15〉 질문지 적용 부수 현황

배경별 \ 구분	규모별			위치별			경력별			성별		학력별		계 (%)
	12 이하	13- 36	37 이상	대도시	중·소 도시	군·면 이하	10 이하	11- 20	21 이상	남	여	대학 졸	대학 원졸	
1차 검사	42	49	60	63	51	37	61	56	34	66	85	116	35	151 (60.4)
2차 검사	57	64	79	81	72	47	85	68	47	78	122	162	38	200 (57.1)
본 검사	198	304	296	321	291	186	295	263	240	287	511	684	114	798 (66.5)

3. 자료 분석

본 연구의 문항 채점은 Likert의 4단계 평정 방법에 따라 각 문항마다 「전혀 그렇지 않다」, 「그렇지 않은 편이다」, 「그런 편이다」, 「정말 그렇다」에 각각 1, 2, 3, 4점씩 배점하여 처리하였다.

자료 처리는 SAS 8.2 및 LISREL 8.3을 이용하여 다음과 같은 내용을 검증하였다.

가. 신뢰도

신뢰도란 측정하려는 것을 얼마나 안정적으로 일관성 있게 측정하느냐, 즉 검사도구가 얼마나 정확하게 誤差 없이 측정하느냐의 문제이다. 만약 측정의 오차가 크다면 신뢰성은 떨어지게 된다. 그러므로 신뢰도란 측정의 일관성(consistency)을 말한다.

본 연구에서 채택한 신뢰도 검증방법은 측정도구의 특성을 고려하여 재검사 신뢰도나 동형검사 신뢰도 검증 대신에 문항의 내적 일관성을 유지하면서 측정오차를 줄이기 위해 Cronbach α 계수를 적용하였다. 재검사 신뢰도와 동형검사 신뢰도는 피험자에게 검사를 두 번 실시해야 하는 번거로움이 따르며, 시험 간격과 검사의 동형성 정도에 따라 신뢰도 계수가 변화되는 문제점을 지니고 있다. 이에 비해 내적 일관성 신뢰도는 검사를 두 번 실시하지 않고 검사의 신뢰도를 추정할 수 있는 방법이다. 내적 일관성 신뢰도는 검사를 구성하는 부분 검사 또는 문항 간의 일관성 정도를 말하며, 검사를 구성하는 부분 검사나 문항들이 측정하고자 하는 내용을 얼마나 일관성 있게 측정하느냐 하는 문제이다.

본 연구에서는 Cronbach α 계수의 값을 통해 문항의 내적 일관성을 측정하였다. Cronbach α 계수의 값은 사회과학의 경우 0.6~0.9이어야 설문의 신뢰성이 보장되지만 본 연구와 같이 새로 만들어지는 측정도구의 경우 최저 허용치 0.6 이상이면 신뢰성이 보장된다고 할 수 있다(Nunnally, 1979).

따라서 신뢰도 계수인 α 값을 기준으로 각 측정변인별로 의미가 없거나 다소 떨어지는 문항들을 선별하여 부분 수정하고, 계속하여 해당 측정변인의 α 계수의 값이 낮은 문항을 제거하여 선별하였다. 이러한 방법으로 학습조직의 13개 변인들에 대한 문항들을 선정하였다.

나. 타당도

타당도는 측정하고자 하는 것을 얼마나 충실히 측정하였느냐, 즉 검사 점수가 검사의 사용목적에 얼마나 부합되느냐의 문제이다. 다시 말해 연구에서 측정하고자 하는 변수를 검사를 통해 제대로 측정하였느냐가 타당도이며, 이는 검사도구의 목적에 대한 適合性에 해당된다.

타당도를 측정하기 위한 방법은 여러 가지 접근이 가능하나 본 연구에서는 각 차원의 의미 있는 독립성을 분석·검토하기 위하여 요인분석과 경로분석방법을 사용하였다.

1) 요인분석

要因分析의 중요한 목적은 요인들 간의 관계성을 분석하는 데 있다. 미지의 잠재적 특성을 규명하기 위하여 문항이나 변수들 간의 상호 관계를 분석하여 상관이 높은 문항이나 변인들을 모아 요인으로 규명하고 그 요인의 의미를 부여하는 통계적 방법이다. 따라서 본 연구에서는 학습조직 측정을 위한 요인별 차원들의 獨立性 정도를 분석하기 위하여 요인분석을 시도하였다. 요인분석 접근방법은 次元化(要因別化)된 도구에서 모든 차원들 간의 관계를 규명할 수 있기에 이 연구에서는 학습조직을 측정하는 데 사용된 모든 요인들 간의 상호관계성과 독립적 의미를 규명하기 위하여 요인분석을 시도하였다.

또한 요인분석은 연구자가 어떤 요인들과 요인의 수에 대하여 확실한 정보가 없을 경우에 실시하는 탐색적 요인분석(exploratory factor analysis)과 연구자가 요인의 수에 대한 정보를 가지고 있을 때 실시하는 확인적 요인분석(confirmatory factor analysis)의 두 가지가 이루어졌다.

(1) 탐색적 요인분석

探索的 要因分析에서는 요인의 수를 결정하기 위하여 고윳값(eigen value)이 1.0 이상인 요인을 추출하였다. 일반적으로 1 이상일 때 하나의 요인으로 간주한다. 또한 문항이나 각 변인이 어떤 요인과 관련이 있는지는 요인 부하 값(factor loading)에 의해 결정되므로 변인의 선택은 요인 부하 값이 0.4 이상인 값을 기준으로 하였다. 일반적으로 요인 부하 값이 0.4 이상인 문항이나 변인을 해당 요인과 관계가 있다고 분석한다. 요인분석의 결과로 학습조직의 구성원, 시스템, 실천 과정의 변인들에 대한 회전된 성분행렬, 하위변인별 고윳값, 분산비율, 그리고 각 문항에 대한 공유치를 정리하여 제시하였다.

따라서 문헌고찰과 경험적인 연구 결과를 토대로 개념화된 13개의 학습조직 요인들이 상호 독립적인 의미를 갖는지를 알아보기 위해 직교회전 방법 중 varimax 회전요인분석방법을 적용하였다.

(2) 확인적 요인분석

確認的 要因分析은 위 기준들에 의해 최종 선택된 문항을 통해 형성된 변인들 간의 관계를 검증하고 연구 단위별 측정모델을 도출하기 위해 실시하였다. 제안된 확인적 요인분석 모형의 적합도를 평가하기 위해 여러 가지 지표를 이용할 수 있다. 카이 제곱 통계량과 그 확률치(p-value)는 모델을 자료에 적용시킬 때 모델이 얼마나 경험 자료에 잘 맞는지를 나타내는 값으로 훌륭한 모델은 카이 제곱 통계량의 자유도가 작을수록 바람직하다. 기초 부합치(GFI)는 다중 회귀분석에서 R2와 같은 의미로 자료의 변량, 공변량 가운데 예측된 변량, 공변량에 의해 설명되는 부분의 비율을 나타낸다. 보통 0과 1 사이에 있는 기초 부합치는 이론적으로 음수가 될 수 있는데 Silver(1988)는 표본의 크기가 200 이상이면 적어도 0.9 이상은 되어야 모델에 큰 문제가 없다고 제안하였다. 또한 RMSEA, RMR 등을 통해 모형이 자료에 의해 지지되는 정도를 측정하였다.

또한 經路分析은 수집한 자료가 설정한 모형과 일치하는지를 LISREL을 통해 검증하는 통계적 방법이다. 경로분석은 현상의 인과관계들을 설명하여 이론적 모형을 구축하는 장점이 있다. 그러나 수집된 자료가 타당하지 않거나 신뢰롭지 않고 자료 수가 충분하지 않으면 인과관계 모형을 제대로 구안할 수 없는 단점이 있다. 경로분석의 특성상 기존에 연구된 인과 모형에 새로운 변수를 하나만 추가하더라도 인과 모형은 많은 변화를 가져올 수도 있다.

 따라서 본 연구는 Senge의 이론을 토대로 조직의 시스템 요인과 실천과정 변인을 추가하여 모형을 설정하였다. 기존에 연구된 인과 모형에 두 개의 새로운 변수를 추가하여 만든 모형은 상호 독립적일 수 있다는 가정하에서 출발하였다. 전체 경로도에서는 모형 적합도에 있어 카이 제곱 검정 통계량의 p값이 0.05보다 작아 자료에 의해 모형이 잘 지지되지 않으므로 잠재변인 간에 상관관계가 존재하지 않는 것으로 나타났다. 따라서 이 연구는 기존에 설정한 가정이 varimax 방법을 적용하여 얻은 결과와 일치한다고 볼 수 있다.

1. 문항 제작 및 선정

학교의 학습조직화 측정을 위한 문항 제작은 다음과 같은 절차에 의해 이루어졌다.

첫째, 학교의 학습조직화 측정을 위한 변인 선정은 학습조직과 관련된 실증적인 선행연구를 분석하여 선정된 24개의 변인을 교육전문가들의 문항 반응 빈도수에 대한 내용 타당도를 토대로 16개를 확정하였다. 특히 개인적 친분이 있는 30여 명의 교원들에게 학습조직에 대하여 설명하고 학교조직을 학습조직화하는 데 필요한 구성요건을 제시하도록 하여 문항 개발에 참고하였다.

둘째, 선정된 16개의 측정변인에 대한 操作的 定義에 근거하여 학습조직을 가장 잘 측정할 수 있는 160개 문항을 제작하였고, 국내·외에서 이루어진 실증적 연구문헌과 관련 논문에서 제시된 학습조직 척도에서 340개 문항을 수집하여 측정도구 개발을 위한 예비 문항을 총 500개로 하였다. 구체적으로 학습조직에 관한 하위변인은 기존에 연구되고 있는 각종 문헌과, 사례, 전문가 면담 등과 연구자의 교직 경험에 비추어 일부 검사 문항을 작성하였다.

셋째, 수집된 500문항을 1차로 타당도를 고려하여 각 변인에 따라 우리나라 실정에 부적절하거나 현실성이 결여된 문항, 그리고 진술문이 애매하거나 의미상에 혼란이 있는 문항들을 제거하거나 수정을 가하고, 유사한 문항을 통합하여 13개 변인별로 300개 문항으로 축소하였다. 다시 반복과정을 거쳐 선정된 13개의 측정변인별로 15-20개씩의 문항 총 212개 문항을 선정하였다.

넷째, 선정된 212개 문항 중 의미 전달이 불충분한 문항을 재수정을 한 후, 다시 측정평가 전문가에게 내용 타당도의 수정을 의뢰하여 130개 문항을 대상으로 예비검사와 본 검사를 실시하여 부적절한 문항을 수정 및 제거해 나가 신뢰도 및 타당도 검증을 하였다. 측정변인에 따른 구체적인 문항의 내용은 〈표-16〉과 같으며, 확인적 요인분석을 통해 최종 80문항을 선별하였다.

<표-16> 학습조직의 측정변인 및 하위변인

구성요소	측정변인	하 위 변 인
구성원	신념체계	• 실험정신과 도전의식 • 교직생활의 몰입 • 학습자의 기대 반영
	권한 부여	• 교사의 자율성 • 의사결정 권한 부여 • 교사의 참여 확대
	비전 공유	• 교육적인 비전 공유 • 비전의 공유과정 • 비전창출의 동기 부여
	전문성 개발	• 연수 자료의 적절성 • 연수내용의 효과성 • 전문적 지식과 기능 • 정보 기자재 활용
	체제적 사고	• 부문주의의 극복 • 환경 분석과 대응 • 편협한 사고방식 극복 • 유기적인 관계 형성
시스템	리 더 십	• 리더의 학습 인식 정도 • 서비스 질 개선 활동 • 지속적인 노력 강조 • 비전의 창출 여부
	조직 구조	• 조직의 구조적 형태와 체계성 • 규정·규칙의 활용 정도 • 업무전달의 신속성
	의사소통	• 의사소통의 빈도와 방향 • 의사소통의 개방성 정도 • 의사소통의 경로
	정보 시스템	• 학습 촉진을 위한 시설 • 정보의 지원 시스템 • 정보의 운영 시스템
실천 과정	지식창출	• 지식창출의 내·외부 조화와 통합 • 조직 내부의 지식창출 • 외부에서의 지식창출
	지식공유	• 지식·정보의 흐름과 공유과정 • 집단의 연계성 • 지식공유의 빈도수
	지식저장	• 지식·정보의 dB화 정도 • 학년 및 부별 단위의 지식저장 • 개인의 지적 노하우 보존 정도
	지식활용	• 업무수행의 활용 정도 • 교수-학습의 적용 • 수업에 활용 정도

　여기서 구성원 특성의 구성요소인 다섯 가지 하위변인들은 학교 구성원들의 행동 특성에 해당되는 요소(신념체계, 권한 부여, 비전 공유, 전문성 개발, 체제적 사고)와 학교를 학습조직화하는 데 요구되는

기반 요소(리더십, 조직 구조, 의사소통, 정보 시스템)로 구분된다. 그리고 학습을 실천하는 과정에 해당되는 네 가지 요소(지식창출, 지식공유, 지식저장, 지식활용)는 학교 구성원들이 학습을 수행하는 방법적 측면을 강조하고 있다.

2. 심리측정학적 검증

도구 제작의 과정에는 어떻게(how)와 무엇(what)이라는 두 가지 명제가 제기된다. 어떻게라는 명제는 제작도구가 얼마나 신뢰로우냐에 대한 관심을 의미하고, 무엇이라는 명제는 제작된 도구가 측정하려는 내용을 얼마나 정확하게 측정하느냐와 관련이 있다. 이것은 신뢰도와 타당도를 의미하는 것으로 도구를 제작할 때 어떻게와 무엇이라는 두 질문에 답하는 과정에서 측정도구의 양호도 문제를 논의하는 것이 도구 제작의 요구조건이다.

이 연구에서 개발하고자 하는 학교의 학습조직화 측정도구의 양호도를 검증하기 위하여 각 측정변인별로 요인분석을 실시하고, Cronbach α 계수를 산출하여 타당도와 신뢰도를 검증하였다. 이 α 계수를 통하여 각 요인 차원에서 각 내적 일치도 정도가 탐색될 수 있고 자료가 兩分되거나 多分化될 때 각 요인에 대한 타당도와 신뢰도를 측정할 수 있다. 이러한 검사도구의 제작을 위해서 탐색적 요인분석과 확인적 요인분석의 두 단계로 이루어졌다.

첫째, 예비검사 과정에서는 선별된 문항을 대상으로 타당도와 신뢰도 분석을 하였다.

둘째, 본 검사 과정에서는 예비검사를 통해 선별된 문항을 다시 수정 보완한 후에 타당도와 신뢰도를 검증하였다.

우선 탐색적 요인분석 단계에서는 적은 표본 집단을 대상으로 하여 모든 도구들을 구성하고 있는 문항과 요인 차원의 의미를 분석 및 탐색하는 과정이다. 이 과정을 위해서는 도구 측정의 정확성과 각 요인 차원의 독립성을 탐색한다.

가. 1차 예비검사

1차 예비검사에서는 문헌연구 및 연구자의 연구에 의해 설정된 검사 문항들이 학습조직의 하위변인들을 대표하고 있는지를 분석하였다. 1차 예비검사 결과 분석을 통해 예비 문항에서 신뢰도가 떨어지는 문항을 식별하는 과정으로 이루어졌다.

1) 타당도 검증

도구의 타당화를 규명하기 위해서는 다양한 접근법이 있으나 이 연구에서는 각 차원의 의미 있는 독립성(meaningful independent)을 분석·검토하기 위하여 요인분석법을 사용하였다.

요인분석의 중요한 목적은 요인들 간의 關係性을 분석하는 데 있다. 이 연구에서는 요인분석을 통하여 차원화된 13개의 측정변인 및 130개의 하위변인들 간의 상호 관련성과 각 차원들이 갖는 의미 있는 독립성을 분석·검토하였다. 이러한 과정을 통해서 13개의 각 요인들 간의 相關關係를 구하고, 각 요인 차원들이 독립적인 의미를 갖는지를 요인분석법의 하나인 varimax 방법을 적용하여 문항의 요인적 의미를 분석하였다. 또한 KMO값은 변인들 간의 상관관계가 타 변인에 의해 잘 설명되는지의 정도를 나타내는 것으로 이 값이 적을 경우 요 인분석을 위한 변인들의 선정이 좋지 않음을 나타낸다. KMO값이 0.8 이상이면 좋으며 0.6 이하는 바람직하지 못한 것으로 여겨진다.

본 연구에서는 요인의 타당화를 위한 기준으로, 한 문항의 변량이 2개 이상의 차원으로 분산되어 있거나 한 문항의 부하 값이 .40 이하 인 문항은 수정하였다. 이는 자료의 손실을 최대한 방지하기 위해 문 항의 삭제보다는 부분 수정하는 재구성 과정을 거쳐 2차 예비검사에 적용하였다.

끝으로 제시된 부록에서와 같이 학습조직의 3개 차원별 요인분석 결과를 제시하고자 한다.

(1) 구성원 차원의 요인분석 결과

구성원에 대한 요인분석 결과는 초기 고유치(eigen value)가 1.00을 넘는 것이 15개로 나타났으며 이들의 누적분산비율은 67.02%이었다. 이는 연구자가 의도하는 다섯 개의 요인에 비해 너무 많은 요인의 수 로 문항들이 묶여졌으며 묶여진 문항들 또한 의도된 변인들을 나타내 지는 못하였다. 이는 문항의 수가 많아 응답자들에게 응답 부담을 가 중시켜 설문을 더해 갈수록 불량 응답률이 높아지는 것으로 추측이 든다. 따라서 획일적으로 응답한 문항을 제거함과 동시에 신뢰도 분 석을 통해 각 요인에서 어떤 한 문장을 제거했을 때 나머지 문항들에 의해서 설명되는 신뢰도 계수가 그 요인의 전체 신뢰도 계수보다 큰 값을 갖는 문항을 제거해 가는 방법을 반복적으로 실시하였다. 이러 한 분석을 반복적으로 수행한 결과 초기 고유치가 1이 넘는 요인이 분석자가 의도한 다섯 개로 줄여졌다.

구성원에 대한 최종 요인분석 결과에서는 각 문항의 적재행렬과 공통성 그리고 각 요인별 고윳값, 분산비율, 누적분산비율에 대한 결과를 제시하였다. 최종 선택된 모형은 측정도구에 포함된 변인들이 요인분석하기에 적합한지를 검증하는 KMO 측도 값이 .979이고 요인분석의 사용이 적합하고 공통요인이 존재하는지를 판단하는 구상 검증치는 1964.79로 모두 유의수준 .001에서 의미 있는 것으로 나타났다. 다섯 개 요인의 누적분산비율은 67.56%이었다. 요인 I의 경우 신념체계를 나타내고 있으며 1번 문항을 포함한 총 8개의 문항으로 묶여졌다. 요인 II의 경우는 전문성 개발을 나타내고 있으며 32번 문항을 포함한 7개 문항으로 묶여졌다. 요인 III의 경우 비전 공유를 나타내고 있으며 21번 문항을 포함한 7개 문항으로 묶여졌다. 요인 IV의 경우는 권한 부여를 나타내고 있으며 11번 문항을 포함한 7개 문항으로 묶여졌다. 마지막으로 요인 V의 경우는 체제적 사고를 나타내고 있으며 41번 문항을 포함한 다섯 개 문항으로 묶여졌다.

(2) 시스템 차원의 요인분석 결과

시스템에 대한 요인분석 결과는 초기 고윳값 1.00이 넘는 것이 13개로 나타났으며 이들의 누적분산비율은 66.41%이었다. 시스템에 대한 1차 요인분석 결과 역시 구성원 차원과 비슷한 결과가 나타났으며, 이에 따라 반복적으로 신뢰도가 낮은 문항을 제거함으로써 초기 고유치가 1이 넘는 요인이 연구자가 의도한 4개로 줄어들었으며 이를 1차 요인분석의 최종 문항으로 선택하였다.

시스템에 대한 최종 요인분석 결과에서는 각 문항의 적재행렬과 공통성 그리고 각 요인별 고윳값, 분산비율, 누적분산비율에 대한 결과를 제시하였다. 최종 선택된 모형은 KMO 측도 값이 .926이고 구상 검증치는 1928.79로 모두 유의수준 .001에서 유의미한 것으로 나타났다. 4개 요인의 누적분산비율은 68.12%이었다. 요인 Ⅰ의 경우 리더십을 나타내고 있으며 51번 문항을 포함한 총 8개의 문항으로 묶여졌다. 요인 Ⅱ의 경우는 정보 시스템 요인으로 81번 문항을 포함한 8개 문항으로 묶여졌다. 요인 Ⅲ의 경우는 조직 구조 요인으로 61번 문항을 포함한 8개 문항으로 묶여졌다. 마지막으로 요인 Ⅳ의 경우는 의사소통을 나타내며 71번 문항을 포함한 6개 문항으로 묶여졌다.

(3) 실천과정 차원의 요인분석 결과

실천과정에 대한 요인분석 결과는 초기 고윳값 1.00이 넘는 것이 13개로 나타났으며 이들의 누적분산비율은 66.55%이었다. 1차 요인분석 결과에 따르면 문헌과 연구자의 연구에 비해 많은 요인이 추출되었으며 각 요인을 구성하는 문항들이 일관성 있게 묶여지지 않았다. 이에 따라 반복적으로 신뢰도가 낮은 문항을 제거함으로써 초기 고유치가 1이 넘는 요인이 연구자가 의도한 4개로 되었으며 이를 1차 요인분석의 최종 문항으로 선택하였다.

실천과정에 대한 최종 요인분석 결과는 각 문항의 적재행렬과 공통성 그리고 각 요인별 고윳값, 분산비율, 누적분산비율에 대한 것이다. 최종 선택된 모형은 KMO 측도 값이 .965이고 구상 검증치는 1865.22로 모두 유의수준 .001에서 의미 있는 것으로 나타났다. 4개 요인의 누적분산비율은 67.23%이었다. 요인 Ⅰ의 경우 지식활용을 나타내고 있으며 121번 문항을 포함한 총 7개의 문항으로 묶여졌다. 요인 Ⅱ의 경우는 지식공유로 101번 문항을 포함한 6개 문항으로 묶여졌다. 요인 Ⅲ의 경우는 지식창출을 나타내며 92번 문항을 포함한 6개 문항으로 묶여졌다. 마지막으로 요인 Ⅳ의 경우는 지식저장을 나타내고 있으며 112번 문항을 포함한 4개 문항으로 묶여졌다.

1차 요인분석 결과 구성원의 경우 50개 문항 중 34개의 문항이 각 요인에 포함되었으며, 시스템은 40개 문항 중 30문항, 그리고 실천과정은 40개 문항 중 23개 문항이 포함되었다. 또한 각 변인별로 16개, 10개, 17개 문항이 요인에 포함되지 않았다. 이들 포함되지 않은 문항은 연구자가 의도한 요인과 묶여있지 않거나 공통성 값이 0.4보다 작은 경우 그리고 신뢰도 분석에서 신뢰도가 낮은 문항들이었다. 이들 문항에 대해서 연구자는 각 문항에 대해 신뢰도가 낮은 원인을 파악을 한 후 문항 수정과정을 거쳐 2차 설문조사에 다시 포함하였다.

2) 신뢰도 검증

도구가 갖는 양호도 검증의 한 접근인 신뢰도 검증은 측정의 일관성을 유지하고 측정도구의 오차를 극소화하며 그 誤差의 정도를 파악하는 방법으로 중요하다. 이를 위한 접근방법으로 요인분석에 의한 타당도 검증을 통해 선별된 문항에 대하여 신뢰도를 추정하기 위하여 측정변인별로 Cronbach α 계수를 산출하였다. 이 α 계수는 각 요인 차원에서 각 차원의 내적 합치도 정도가 탐색될 수 있어, 자료가 兩分化되거나 多分化될 때 각 요인에 대한 신뢰도 정도를 측정할 수 있는 방법이다.

본연구에서 문항의 1차 예비검사 신뢰도 계수는 .70 이상으로 비교적 높았다. 특히 요인 Ⅰ인 구성원의 신념체계는 .820을, 요인 Ⅵ인 리더십은 .816으로, 요인 Ⅶ인 조직 구조는 .812로, 요인 ⅩⅢ인 지식 활용은 .807을 보여 비교적 높은 신뢰도를 보여주었다. 이와 같은 결과로 볼 때, Nunnally(1978)에 의하면 Cronbach α 값은 사회과학의 경우 0.6~0.9이면 문항의 신뢰도가 보장된다고 하였다. 본 연구와 같이 새로 만들어지는 측정도구의 경우 최저 허용치 0.6 이상이면 신뢰도가 확보될 수 있을 것으로 판단되기에 각 요인의 신뢰도 계수는 측정문항 간의 내적 일치성이 보장된다고 할 수 있다.

다음은 1차 예비 문항의 최종 요인분석 결과 중 구성원에 대한 각 요인별 신뢰도 분석을 한 결과이다. 구체적으로 구성원에 대한 각 요인별 신뢰도에서 제1요인(신념체계)은 .820, 제2요인(전문성 개발)은 .802, 제3요인(비전 공유)은 .798, 제4요인(권한 부여)은 .764, 그리고 제5요인(체제적 사고)은 .816으로 나타났으며 구성원 전체에 대한 신뢰도는 .876인 것으로 나타났다.

1차 예비 문항의 최종 요인분석 결과 중 시스템에 대한 각 요인별 신뢰도 분석을 한 결과는 다음과 같다. 시스템에 대한 각 요인별 신뢰도는 제1요인(리더십)은 .812, 제2요인(조직 구조)은 .706, 제3요인(의사소통)은 .779, 그리고 제4요인(정보 시스템)은 .798로 나타났으며 구성원 전체에 대한 신뢰도는 .825인 것으로 나타났다.

1차 예비 문항의 최종 요인분석 결과 중 실천과정에 대한 각 요인별 신뢰도 분석을 한 결과는 다음과 같다. 실천과정에 대한 각 요인별 신뢰도는 제1요인(지식창출)은 .807, 제2요인(지식공유)은 .742, 제3요인(지식저장)은 .786, 그리고 제4요인(지식활용)은 .735로 나타났으며, 구성원 전체에 대한 신뢰도는 .812인 것으로 나타났다. 이와 같이 구성원, 시스템, 실천과정 세 변인의 신뢰도가 최저 허용치 0.6 이

상을 모두 만족하므로 측정문항 간의 내적 일치성이 보장된다고 할
수 있다.

나. 2차 예비검사

2차 예비검사 과정에서는 1차 예비검사를 통해 선별된 문항을 다
시 수정 보완한 후에 타당도와 신뢰도를 검증하였다. 2차 예비검사의
문항 구성은 구성원의 행동 특성 변인 50개 문항과 지원 시스템 변인
에 관련된 40개 문항, 그리고 학습의 실천과정에 관한 40개 문항으로
구성하였다. 먼저 요인분석을 통해 연구자가 의도하는 하위변인별로
문항이 묶여지는지 알아보았다.

1) 타당도 검증

이 연구에서는 요인분석을 통하여 차원화된 13개의 측정변인 및
130개의 하위변인들 간의 상호 관련성과 각 차원들이 갖는 의미 있는
독립성을 분석·검토하였다. 이러한 과정을 통해서 13개의 각 요인들
간의 상관관계를 구하고, 각 요인 차원들이 독립적인 의미를 갖는지
를 요인분석법의 하나인 varimax 방법을 적용하여 문항의 요인적 의
미를 분석하였다. 또한 KMO값은 변인들 간의 상관관계가 타 변인에
의해 잘 설명되는지의 정도를 나타내는 것으로 이 값이 적을 경우 요
인분석을 위한 변인들의 선정이 좋지 않음을 나타낸다. 2차 요인분석
결과에서는 KMO값이 0.9 이상으로 변인선정에 별다른 무리가 없는
것으로 판단된다.

학교의 학습조직화 요인들 간의 상호 관계를 측정하기 위한 相關

行列 결과는 〈표-17〉과 같다.

〈표-17〉 2차 예비검사의 측정변인별 상관행렬

	I	II	III	IV	V	VI	VII	VIII	IX	X	XI	XII	XIII
M	37.51	36.53	29.56	30.21	35.35	34.68	28.47	37.50	34.68	31.46	33.21	34.53	33.77
SD	4.34	5.55	4.53	38.09	4.65	3.21	5.58	3.79	4.73	3.36	4.59	3.94	4.63
I	1.00												
II	0.61	1.00											
III	0.52	0.56	1.00										
IV	0.49	0.57	0.59	1.00									
V	0.66	0.47	0.65	0.45	1.00								
VI	0.61	0.56	0.56	0.63	0.43	1.00							
VII	0.54	0.56	0.65	0.57	0.56	0.56	1.00						
VIII	0.49	0.51	0.50	0.56	0.45	0.48	0.45	1.00					
IX	0.57	0.63	0.53	0.64	0.46	0.65	0.49	0.51	1.00				
X	0.70	0.59	0.55	0.53	0.45	0.61	0.55	0.45	0.56	1.00			
XI	0.67	0.58	0.61	0.65	0.45	0.63	0.56	0.46	0.65	0.54	1.00		
XII	0.54	0.54	0.48	0.66	0.46	0.57	0.56	0.47	0.54	0.56	0.48	1.00	
XIII	0.61	0.60	0.67	0.59	0.60	0.56	0.57	0.55	0.56	0.53	0.60	0.58	1.00

제시된 〈표-14〉와 같이 각 요인 간의 상관계수 r의 상관행렬은 대체로 높은 상관을 보였다($r=.43\sim.65$). 이는 학습조직화 측정도구의 각 요인들이 밀접하게 상호 관련되어 있으며 요인분석을 실시하면 요인 부하량이 높게 나타나 각 요인들의 독립된 의미를 파악할 수 있다는 점을 시사하고 있다.

본 연구에서는 요인의 타당화를 위한 기준으로, 한 문항의 변량이 2개 이상의 차원으로 분산되어 있거나 한 문항의 부하량이 .40 이하인 문항은 삭제하였다. 이는 측정에 있어서 단일 문항은 단일 차원에서만 의미를 주어야 하기 때문에 문항의 변량이 두 요인 이상으로 분산되어 있는 문항은 삭제하였다. 왜냐하면 각 요인의 문항들이 최소한 요인별로 80~90%가 일치되었을 때 관련된 요인 차원에서 최대의 요인 부하량을 나타냈다고 볼 수 있기 때문에 한 차원으로 볼 수 있다. 따라서 요인 부하량이 .40 이상이면서 잔여요인 변량의 평균이 대체적으로 .20 이하인 문항이 바람직하며 극소화될수록 더 적절하다. 이와 같이 문항선별 기준에 따라 나타난 2차 예비검사 문항선별 결과는 〈표-18〉과 같다.

〈표-18〉 2차 예비검사의 문항 선별결과

측정변인	전체 문항 수	삭제된 문항 수		선별된 문항 수	잔여요인 변량 평균
		요인 부하량이 .40 이하 문항	변량이 2개 이상 차원 으로 분산된 문항		
신념체계(Ⅰ)	10	1	0	9	.12
권한 부여(Ⅱ)	10	3	1	6	.17
비전 공유(Ⅲ)	10	1	1	8	.16
전문성 개발(Ⅳ)	10	2	1	7	.14
체제적 사고(Ⅴ)	10	3	2	5	.16
리 더 십(Ⅵ)	10	3	0	7	.14
조직 구조(Ⅶ)	10	1	1	8	.12
의사소통(Ⅷ)	10	3	2	5	.15
정보 시스템(Ⅸ)	10	1	1	8	.15
지식창출(Ⅹ)	10	2	0	8	.14
지식공유(ⅩⅠ)	10	1	1	8	.16
지식저장(ⅩⅡ)	10	3	1	6	.15
지식활용(ⅩⅢ)	10	1	0	9	.16
계	130	25	11	94	

〈표-18〉에서 제시된 요인분석 결과와 같이 각 측정변인에서 그 변인에 속하는 문항들이 모두 .40 이상의 요인 부하 값을 보이며 또한 타당도 검증 결과 각 측정변인별로 1~3개 정도 모두 36개의 문항이

삭제되어 선별된 문항 수는 94개로 나타났다. 또한 요인 부하량 .40을 기준으로 할 때 그 차원에 속한 대부분의 문항들이 그 기준 이상이며, 잔여요인 변량의 평균은 .20 이하였다. 이러한 결과는 각 측정변인에 속하는 문항들이 單一要因(one factor)을 이루고 있음을 의미한다.

끝으로 제시된 부록에서와 같이 학습조직의 3개 차원별 요인분석 결과를 제시하고자 한다.

(1) 구성원 차원의 요인분석 결과

구성원에 대한 요인분석 결과는 초기 고유치(eigen value)가 1.00을 넘는 것이 9개로 나타났으며 이들의 누적분산비율은 68.42%이었다. 이는 연구자가 의도하는 다섯 개의 요인에 비해 너무 많은 요인의 수로 문항들이 묶여졌을 뿐 아니라 1차 요인분석에서 최종 다섯 개로 묶여진 것에 비해서도 많은 것으로 나타났다. 이는 표본이 바뀌었을 뿐 아니라 1차 분석 후 문항의 수정 때문에 요인의 수가 증가된 것으로 추측된다. 2차 설문이 이러한 편향을 최대한 감소시키는 데 목적이 있으므로 신뢰도 분석을 통해 1차 분석과 마찬가지로 설문을 수정 보완하였다. 이러한 분석을 반복적으로 수행한 결과 초기 고유치가 1이 넘는 요인이 분석자가 의도한 다섯 개로 줄어들었다. 하지만 1차 요인분석과 묶여지는 요인에 있어 차이를 보였다. 가령 1차 분석의 경우 2요인이 전문성 개발이었으나 2차 분석의 경우는 비전 공유로 나타났다.

구성원에 대한 최종 요인분석 결과에서는 각 문항의 적재행렬과 공통성 그리고 각 요인별 고윳값, 분산비율, 누적분산비율에 대한 것을 제시하였다. 최종 선택된 모형은 측정도구에 포함된 변인들이 요인분석하기에 적합한지를 검증하는 KMO 측도 값이 .992이고 요인분석의 사용이 적합하고 공통요인이 존재하는지를 판단하는 구상 검증치는 1986.42로 모두 유의수준 .001에서 유의미한 것으로 나타났다. 다섯 개 요인의 누적분산비율은 67.56%이었다. 요인 Ⅰ의 경우 신념체계를 나타내고 있으며 1번 문항을 포함한 총 9개의 문항으로 묶여졌다. 요인 Ⅱ의 경우는 비전 공유를 나타내고 있으며 21번 문항을 포함한 8개 문항으로 묶여졌다. 요인 Ⅲ의 경우는 체제적 사고를 나타내고 있으며 41번 문항을 포함한 3개 문항으로 묶여졌다. 요인 Ⅳ의 경우는 전문성 개발을 나타내고 있으며 32번 문항을 포함한 9개 문항으로 묶여졌다. 마지막으로 요인 Ⅴ의 경우는 권한 부여를 나타내고 있으며 11번 문항을 포함한 6개 문항으로 묶여졌다.

(2) 시스템 차원의 요인분석 결과

시스템에 대한 요인분석 결과는 초기 고윳값 1.00이 넘는 것이 8개로 나타났으며 이들의 누적분산비율은 69.12%이었다. 시스템에 대한 2차 요인분석 결과 역시 구성원과 비슷한 결과를 나타냈으며 이에 따라 반복적으로 신뢰도가 낮은 문항을 제거함으로써 초기 고유치가 1이 넘는 요인이 연구자가 의도한 4개로 줄어들었으며 이를 2차 요인분석의 최종 문항으로 선택하였다.

시스템에 대한 최종 요인분석 결과에서는 각 문항의 적재행렬과 공통성 그리고 각 요인별 고윳값, 분산비율, 누적분산비율에 대한 것이다. 최종 선택된 모형은 KMO 측도 값이 .934이고 구상 검증치는 1911.32로 모두 유의수준 .001에서 유의미한 것으로 나타났다. 또한 4개 요인의 누적분산비율은 68.12%이었다.

요인 Ⅰ의 경우 조직 구조를 나타내고 있으며 61번 문항을 포함한 총 8개의 문항으로 묶여졌다. 요인 Ⅱ의 경우는 의사소통을 나타내고 있으며 71번 문항을 포함한 다섯 개 문항으로 묶여졌다. 요인 Ⅲ의 경우는 리더십을 나타내고 있으며 52번 문항을 포함한 7개 문항으로 묶여졌다. 마지막으로 요인 Ⅳ의 경우는 정보 시스템을 나타내고 있으며 81번 문항을 포함한 7개 문항으로 묶여졌다.

(3) 실천과정 차원의 요인분석 결과

실천과정에 대한 요인분석 결과는 초기 고윳값 1.00이 넘는 것이 7개로 나타났으며 이들의 누적분산비율은 67.35%이었다. 2차 요인분석 결과에 따르면 문헌과 연구자의 연구에 비해 많은 요인이 추출되었으며 각 요인을 구성하는 문항들이 일관성 있게 묶여지지 않았다. 이에 따라 반복적으로 신뢰도가 낮은 문항을 제거함으로써 초기 고유치가 1이 넘는 요인이 연구자가 의도한 4개로 줄어졌으며 이를 2차 요인분석의 최종 문항으로 선택하였다.

실천과정에 대한 최종 요인분석 결과에서는 각 문항의 적재행렬과 공통성 그리고 각 요인별 고윳값, 분산비율, 누적분산비율에 대한 것이다. 최종 선택된 모형은 KMO 측도 값이 .934이고 구상 검증치는 1912.34로 모두 유의수준 .001에서 유의미한 것으로 나타났다. 4개 요인의 누적분산비율은 67.23%이었다.

요인 Ⅰ의 경우 지식창출을 나타내고 있으며 92번 문항을 포함한 총 8개의 문항으로 묶여졌다. 요인 Ⅱ의 경우는 지식활용을 나타내고 있으며 121번 문항을 포함한 9개 문항으로 묶여졌다. 요인 Ⅲ의 경우는 지식저장을 나타내고 있으며 112번 문항을 포함한 6개 문항으로 묶여졌다. 마지막으로 요인 Ⅳ의 경우는 지식공유를 나타내고 있으며 101번 문항을 포함한 8개 문항으로 묶여졌다.

이와 같이 2차 요인분석 결과 구성원의 경우 50개 문항 중 35개의 문항이 각 요인에 포함되었으며 시스템은 40개 문항 중 27문항, 그리고 실천과정은 40개 문항 중 31개 문항이 포함되었다. 이것은 1차 요인분석과 비교했을 경우 좀더 많은 문항이 요인에 의해 묶여졌음을 알 수 있다. 그러나 여전히 각 변인별로 15개, 13개, 9개의 총 37개 문항이 요인에 포함되지 않았다. 이들 포함되지 않은 문항은 연구자가 의도한 요인과 묶여있지 않거나 공통성 값이 0.4보다 작은 문항이었다.

2) 신뢰도 검증

신뢰도 검증은 요인분석에 의한 타당도 검증을 통해 선별된 문항에 대하여 신뢰도를 추정하기 위하여 측정변인별로 Cronbach α 계수를 산출하였다.

본 연구에서는 하위척도의 신뢰도를 높이기 위해서 다음과 같은 두 가지 기준에 의해 문항을 선별하였다.

첫째, Alpha 계수의 산출과정에서 전체 상관과의 부적(negative)인 상관을 보이는 문항은 삭제하였다.

둘째, 해당 측정변인의 Alpha 계수를 낮추거나 신뢰도 계수가 .50 이하를 가리키는 문항을 삭제하였다.

이상의 두 기준에 의하여 삭제된 문항 수와 신뢰도 검사 결과는 〈표-19〉와 같다.

<표-19> 2차 예비검사 측정도구의 신뢰도

측정변인	전체 문항 수	삭제된 문항 수		남은 문항 수	α계수
		부적인 문항	α계수<.60		
신념체계(Ⅰ)	9	1	0	8	.826
권한 부여(Ⅱ)	6	0	0	6	.751
비전 공유(Ⅲ)	8	0	0	8	.792
전문성 개발(Ⅳ)	9	0	0	9	.735
체제적 사고(Ⅴ)	3	0	0	3	.736
리 더 십(Ⅵ)	7	0	0	7	.812
조직 구조(Ⅶ)	8	1	0	7	.799
의사소통(Ⅷ)	5	0	0	5	.809
정보 시스템(Ⅸ)	7	0	0	7	.834
지식창출(Ⅹ)	8	1	1	6	.726
지식공유(Ⅺ)	8	0	0	8	.799
지식저장(Ⅻ)	6	1	0	5	.794
지식활용(ⅩⅢ)	9	1	1	7	.807
계	93	5	2	86	0.794

　<표-19>에서 제시된 바와 같이 문항의 1차 예비검사 신뢰도 계수는 .70 이상으로 비교적 높았다. 특히 요인 Ⅰ인 구성원의 신념체계는 .826, 요인 Ⅵ인 리더십은 .812, 요인 Ⅸ인 정보 시스템은 .834, 요인 ⅩⅢ인 지식활용은 .807을 보여 높은 신뢰도를 보여주었다. 그리고 부적인 상관을 보이는 다섯 개의 문항과 α 계수가 .60 미만을 나타내는 2개의 문항을 제외하고 총 86개의 문항이 남았다. 이와 같은 결과로 볼 때, Nunnally(1978)에 의하면 Cronbach α 은 사회과학의 경우 0.6~0.9이면 문항의 신뢰도가 보장된다고 하였다. 본 연구와 같이 새로 만들어지는 측정도구의 경우 최저 허용치 0.6 이상이면 신뢰도가 확보될 수 있을 것으로 판단되기에 각 요인의 신뢰도 계수는 측정문항 간의 내적 일치성이 보장된다고 할 수 있다.

2차 예비 문항의 최종 요인분석 결과 중 구성원에 대한 각 요인별 신뢰도 분석결과는 다음과 같다. 구성원에 대한 각 요인별 신뢰도는 제1요인(신념체계)은 .826, 제2요인(전문성 개발)은 .751, 제3요인(비전 공유)은 .792, 제4요인(권한 부여)은 .735, 그리고 제5요인(체제적 사고)은 .736으로 나타났으며 구성원 전체에 대한 신뢰도는 .848인 것으로 나타났다.

2차 예비 문항의 최종 요인분석 결과 중 시스템에 대한 각 요인별 신뢰도 분석을 한 결과는 다음과 같다. 시스템에 대한 각 요인별 신뢰도는 제1요인(리더십)은 .812, 제2요인(조직 구조)은 .799, 제3요인(의사소통)은 .809, 그리고 제4요인(정보 시스템)은 .834로 나타났으며 시스템 전체에 대한 신뢰도는 .817인 것으로 나타났다. 시스템의 경우 각 요인의 신뢰도가 최저 허용치 0.6 이상을 모두 만족하므로 측정문항 간의 내적 일치성이 보장된다고 할 수 있다.

다음은 2차 예비 문항의 최종 요인분석 결과 중 실천과정에 대한 각 요인별 신뢰도 분석을 한 결과이다. 실천과정에 대한 각 요인별 신뢰도는 제1요인(지식창출)은 .726, 제2요인(지식공유)은 .799, 제3요인(지식저장)은 .794, 그리고 제4요인(지식활용)은 .807로 나타났으며, 실천과정 전체에 대한 신뢰도는 .897인 것으로 나타났다. 실천과정의 경우 각 요인의 신뢰도가 최저 허용치 0.6 이상을 모두 만족하므로 측정문항 간의 내적 일치성이 확보되었다.

본 장에서는 예비검사 과정에서 검증된 측정도구의 타당도와 신뢰도를 한층 강화하기 위해 본 검사 과정을 거쳤다. 이 과정에서는 예비검사에서 선정된 86개 문항을 다시 검토한 후 표본선정 대상을 확대하여 예비검사 과정에서 분석하였던 검증방법과 동일하게 문항 양호도 검증을 하였다. 또한 요인분석 경로도를 통해 설정된 모형과 수집된 자료와의 관계를 검증하는 단계로 이루어졌다.

본 검사의 문항구성은 구성원 행동 특성 변인 34개 문항과 지원 시스템에 관련된 26개 문항, 그리고 학습의 실천과정에 관한 26개 문항으로 구성되었다. 이들 문항에 대한 타당도 및 신뢰도 분석 결과를 다음과 같이 제시하였다.

1. 본 검사의 타당도 검증

가. 탐색적 요인분석

요인분석의 중요한 목적은 요인들 간의 관계성을 분석하는 데 있다. 탐색적 요인분석은 연구자가 어떤 요인들과 요인의 수에 대하여 확실한 정보가 없을 경우 실시하는 분석이다. 일반적으로 탐색적 요인분석을 실시할 때 요인의 수를 결정하기 위하여 고윳값(eigen value)을 참고한다. 일반적으로 고윳값이 1 이상일 때 하나의 요인으로 간주하였다.

이 연구에서는 측정도구의 타당도를 규명하기 위하여 예비검사 결과 선별된 13개의 측정변인 및 86개의 하위변인들 간의 상호 관련성과 각 차원들이 갖는 의미 있는 독립성을 분석·검토하였다. 검증 기준은 예비검사와 동일하며 요인분석 접근법인 varimax 방법을 적용하여 각 요인들이 독립적인 의미를 분석하였다. 또한 KMO값은 변인들 간의 상관관계가 타 변인에 의해 잘 설명되는지의 정도를 나타내는 것으로 이 값이 적을 경우 요인분석을 위한 변인들의 선정이 좋지 않음을 나타낸다. 본 검사 결과에서는 KMO값이 0.9 이상으로 변인선정에 별다른 무리가 없는 것으로 판단된다.

학교의 학습조직 하위요인들의 상호 관계를 측정하기 위한 相關行列 결과는 〈표-20〉과 같다.

〈표-20〉 본 검사의 측정변인별 상관행렬

	I	II	III	IV	V	VI	VII	VIII	IX	X	XI	XII	XIII
M	38.11	38.06	32.42	31.57	32.48	35.43	38.46	38.43	34.03	36.68	33.74	34.41	38.41
SD	4.35	53.01	38.31	5.62	5.51	4.39	5.71	4.71	4.55	3.43	3.70	3.41	3.54
I	1.00												
II	0.57	1.00											
III	0.62	0.59	1.00										
IV	0.63	0.63	0.65	1.00									
V	0.51	0.44	0.72	0.49	1.00								
VI	0.66	0.63	0.61	0.66	0.49	1.00							
VII	0.60	0.62	0.66	0.66	0.51	0.62	1.00						
VIII	0.49	0.52	0.53	0.54	0.47	0.45	0.53	1.00					
IX	0.62	0.61	0.62	0.67	0.47	0.60	0.58	0.52	1.00				
X	0.61	0.58	0.58	0.63	0.52	0.58	0.58	0.50	0.61	1.00			
XI	0.63	0.61	0.60	0.67	0.45	0.64	0.60	0.50	0.61	0.56	1.00		
XII	0.64	0.59	0.58	0.67	0.45	0.60	0.58	0.50	0.62	0.63	0.59	1.00	
XIII	0.62	0.64	0.69	0.69	0.50	0.68	0.66	0.57	0.65	0.58	0.63	0.62	1.00

〈표-20〉과 같이 학교의 학습조직 측정요인별 평균(M), 표준편차 (SD), 그리고 요인별 상관관계를 살펴보면 각 요인별로 작은 폭의 편차를 보이나 각 요인들에 따른 상관은 비교적 높은 상관을 보인다 (r=.44~.72). 이를 바탕으로 본 검사 문항의 구인 타당도를 분석하기 위하여 요인분석한 결과를 다음과 같이 제시하였다.

이 연구에서는 2차 예비검사와 동일한 방법으로 요인의 타당화를 위한 문항 선별 기준으로, 한 문항의 변량이 2개 이상의 차원으로 분산되어 있거나 한 문항의 부하 값이 .40 이하인 문항은 삭제하였다. 이는 측정에 있어서 단일 문항은 단일 차원에서만 의미를 주어야 하기 때문에 문항의 변량이 두 요인 이상으로 분산되어 있는 문항은 삭제하였다. 그에 따른 이유는 각 요인의 문항들이 최소한 요인별로 8

0~90%가 일치되었을 때 관련된 요인 차원에서 최대한 요인 부하량을 나타냈다고 볼 수 있기 때문에 한 차원으로 볼 수 있다. 따라서 요인 부하량이 .40 이상이며, 잔여요인 변량의 평균이 .20 이하인 문항이 바람직하며 극소화될수록 더 적절하다. 이와 같이 문항 선별 기준에 따라 나타난 본 검사의 문항 선별결과는 〈표-21〉과 같다.

〈표-21〉 본 검사의 문항선별 결과

측정변인	전체 문항 수	삭제된 문항 수		선별된 문항 수	잔여요인 변량 평균
		요인 부하량이 .40 이하 문항	변량이 2개 이상 차원으로 분산된 문항		
신념체계(Ⅰ)	8	1	0	7	.11
권한 부여(Ⅱ)	6	0	0	6	.14
비전 공유(Ⅲ)	8	1	0	7	.13
전문성 개발(Ⅳ)	9	0	0	9	.14
체제적 사고(Ⅴ)	3	0	0	3	.13
리 더 십(Ⅵ)	7	0	0	7	.12
조직 구조(Ⅶ)	7	0	1	6	.12
의사소통(Ⅷ)	5	0	0	5	.11
정보 시스템(Ⅸ)	7	0	0	7	.13
지식창출(Ⅹ)	6	0	1	5	.13
지식공유(Ⅺ)	8	1	0	7	.12
지식저장(Ⅻ)	5	1	0	4	.13
지식활용(ⅩⅢ)	7	0	0	7	.11
계	86	4	2	80	

　따라서 선별된 본 검사의 학습조직의 측정문항들은 요인을 위한 문항들이 어느 정도 잘 선정되었으며, 요인분석의 사용이 적합하여 공통요인이 존재한다고 볼 수 있다. 학습조직의 구성원, 시스템, 실천과정 변인에 대한 회전된 성분행렬과 각 문항의 공유치, 그리고 요인별 고윳값, 분산비율을 정리하여 요인분석을 실시한 결과를 제시하였

다. 제시된 〈표-19〉에 의하면 각 측정변인에서 타당도 검증결과 그 변인에 속하는 문항 중에 .40 이상의 요인 부하량을 보인 문항이 대부분이며 각 측정변인별로 0~1개 정도 모두 6개 문항이 삭제되어 선별된 문항 수는 80개로 나타났다. 이러한 결과는 각 측정변인에 속하는 문항들이 단일요인을 형성하고 있다는 것을 경험적 증거에 의해 확인되었음을 시사한다. 또한 요인 부하량 .40을 기준으로 할 때 그 차원에 속한 대부분의 문항들이 그 기준 이상이며, 잔여요인 변량의 평균은 .20 이하로 예비검사보다 변량이 비교적 낮게 나타났다. 이러한 결과는 각 측정변인이 단일요인(one factor)이라는 점을 시사한다.

끝으로 제시된 부록에서와 같이 학습조직의 3개 차원별 요인분석 결과를 제시하고자 한다.

1) 구성원 차원의 요인분석 결과

본 연구에서는 요인분석 결과 중 구성원 차원의 초기 고윳값(eigen value)이 1.00 이상의 값을 갖는 것은 다섯 개로 줄었으며 다섯 개의 누적분산비율은 69.9%이다. 시스템 차원의 문항들에 있어서는 초기 고윳값이 1.00 이상인 요인은 4개로 줄었으며 4개의 누적분산비율은 65.70%이었다. 마지막으로 실천과정의 초기 고윳값이 1.00 이상인 요인이 4개로 줄었고 이들의 누적분산비율은 69.3%인 것으로 나타났다.

따라서 선별된 본 검사의 학습조직의 측정문항들은 요인을 위한 문항들이 어느 정도 잘 선정되었고, 요인분석의 사용이 적합하며 공통요인이 존재한다고 볼 수 있다. 학습조직의 구성원, 시스템, 실천과정 변인에 대한 회전된 성분행렬과 각 문항의 공유치, 그리고 요인별 고윳값, 분산비율을 정리하여 요인분석을 실시한 결과를 제시하였다.

<표-22> 구성원 차원의 본 검사 요인분석 결과

측정변인 문 항	I	II	III	IV	V	공통성
A5	.63	−.08	.22	.15	.11	.48
A2	.51	.32	.15	.07	.02	.39
A7	.49	−.01	.18	.28	.17	.38
A1	.49	.25	.03	.17	.05	.33
A8	.45	.30	.18	.04	.08	.33
A4	.43	.10	.26	.11	.18	.30
A6	.42	.12	.26	.28	.13	.35
A10	.39	.27	.09	.15	.15	.28
B17	.36	.22	.11	.23	.12	.26
A3	.36	.26	.16	.33	−.06	.33
B18	.35	.25	.32	.19	.08	.33
C22	.35	.23	.20	.30	.06	.31
E50	.32	.27	.12	.20	.23	.28
E44	.32	.22	.08	.26	.00	.22
D33	.13	.51	.20	.25	−.08	.39
D35	.29	.48	.14	.21	−.24	.44
D39	.10	.48	.03	.34	.11	.37
D32	.31	.45	.17	−.03	.20	.37
D38	.08	.45	.27	.19	.22	.37
D34	.12	.45	.24	.14	.16	.32
D36	.17	.45	.12	.10	.19	.29
D37	.09	.43	.22	.19	.22	.33
D31	.33	.41	.10	.14	.17	.34
D40	.24	.41	.31	.07	.13	.34
B20	.09	.37	.35	.24	.03	.32
A9	.25	.32	.26	.12	.06	.25
E45	.16	.30	.19	.26	.11	.23
C24	.13	.19	.61	.08	.01	.43
C28	.13	.01	.56	.24	.20	.43
C25	.21	.23	.48	.14	−.01	.34
C21	.21	.23	.45	−.04	.20	.34
C29	.20	.11	.45	.22	.11	.31
C27	.03	.19	.44	.30	.18	.35
C30	.35	.06	.40	.12	.12	.32
E47	.33	.29	.36	.03	.01	.33
B11	.07	.29	.36	.32	.14	.34
C23	.17	.26	.34	.15	.15	.26
E48	.14	.30	.34	.23	.07	.28

측정변인 문 항	I	II	III	IV	V	공통성
B14	.17	.07	.25	.58	-.06	.44
B12	.14	.22	.26	.54	-.17	.45
B16	.19	.13	.19	.47	.11	.32
B15	.25	.14	.11	.45	.21	.34
E49	.26	.09	.03	.43	.17	.29
B13	.09	.12	.09	.43	.39	.37
B19	.03	.35	.05	.42	.25	.37
C26	.21	.22	.22	.34	.16	.28
E43	.14	.23	.27	.29	.21	.28
E42	.17	.20	.20	.09	.63	.51
E41	.23	.11	.25	.12	.61	.52
E46	.37	.25	.06	.09	.43	.39
Eigen value	4.063	4.059	3.667	3.378	2.039	17.206
분산비율	16.31	15.29	13.17	12.77	12.36	
누적비율	16.31	31.60	44.77	57.54	69.90	

〈표-22〉는 구성원에 대한 최종 요인분석 결과로 각 문항의 적재행렬과 공통성 그리고 각 요인별 고윳값, 분산비율, 누적분산비율에 대한 결과이다. 최종 선택된 모형은 측정도구에 포함된 변인들이 요인분석하기에 적합한지를 검증하는 KMO 측도 값이 .990이고 요인분석의 사용이 적합하고 공통요인이 존재하는지를 판단하는 구상 검증치는 1975.14로 모두 유의수준 .001에서 유의미한 것으로 나타났다. 다섯 개 요인의 누적분산비율은 69.9%이었다. 요인 I의 경우 신념체계를 나타내고 있으며 1번 문항을 포함한 총 7개의 문항으로 묶여졌다. 요인 II의 경우는 전문성 개발을 나타내고 있으며 32번 문항을 포함한 9개 문항으로 묶여졌다. 요인 III의 경우 비전 공유를 나타내고 있으며 21번 문항을 포함한 7개 문항으로 묶여졌다. 요인 IV의 경우는 권한 부여를 나타내고 있으며 13번 문항을 포함한 6개 문항으로 묶여

졌다. 마지막으로 요인 V의 경우는 체제적 사고를 나타내고 있으며 41번 문항을 포함한 3개 문항으로 묶여졌다.

2) 시스템 차원의 요인분석 결과

시스템에 대한 요인분석 결과는 초기 고윳값 1.00이 넘는 것이 4개로 나타났으며 이들의 누적분산비율은 65.70%이었다. 시스템에 대한 1차 요인분석 결과 역시 구성원 차원과 비슷한 결과가 나타났으며, 이에 따라 반복적으로 신뢰도가 낮은 문항을 제거함으로써 초기 고유치가 1이 넘는 요인이 4개로 줄여 들었으며 이를 1차 요인분석의 최종 문항으로 선택하였다.

〈표-23〉은 시스템 차원의 최종 요인분석 결과로써 최종 선택된 모형은 KMO 측도 값이 .938이고 구상 검증치는 1917.05로 모두 유의수준 .001에서 유의미한 것으로 나타났으며 4개 요인의 누적분산비율은 68.12%이었다. 요인 I의 리더십 요인으로 51번 문항을 포함한 총 7개의 문항으로 묶여졌다. 요인 II의 경우는 정보 시스템 요인으로 81번 문항을 포함한 7개 문항으로 묶여졌다. 요인 III의 조직 구조 요인은 61번 문항을 포함한 6개 문항으로 묶여졌다. 끝으로 요인 IV의 경우는 의사소통을 나타내며 71번 문항을 포함한 다섯 개 문항으로 묶여졌다.

〈표-23〉 시스템 차원의 본 검사 요인분석 결과

측정변인 문 항	I	II	III	IV	공통성
F54	.63	.03	.11	.12	.43
F51	.53	.08	.24	.09	.35
F58	.51	.09	.35	-.09	.39

측정변인 문 항	I	II	III	IV	공통성
F53	.46	.43	.19	− .40	.59
F59	.46	.22	.25	− .13	.34
H75	.34	.22	.03	.44	.36
F55	.44	.16	.24	.18	.31
F52	.43	.14	.16	.15	.25
H72	.40	.22	.20	.19	.29
F60	.40	.38	.11	.11	.32
F56	.38	.31	.19	.13	.29
H79	.38	.20	.25	.15	.27
F57	.38	.22	.08	.19	.23
I81	.08	.56	.23	.11	.39
I86	− .02	.54	.36	.04	.43
I88	.08	.54	.12	.12	.33
I85	.25	.53	.03	.19	.38
I90	.26	.48	.03	− .05	.30
I89	.14	.46	.30	.08	.33
I83	.38	.40	.11	.19	.35
G70	.25	.38	.27	.11	.29
H78	.26	.36	.10	.42	.39
H76	.31	.33	.21	.18	.28
I82	.30	.31	.23	.16	.27
G62	.11	.19	.64	− .19	.50
G66	.17	.02	.55	.18	.37
G61	.20	.24	.45	.11	.32
G67	.21	.17	.44	.21	.32
G63	.30	.08	.43	.20	.32
G68	.17	.25	.42	.14	.29
G64	.35	.16	.40	.03	.31
H73	.26	.06	.40	.15	.26
G65	.09	.30	.39	.23	.30
G69	.31	.21	.34	.07	.26
I84	.10	.31	.34	.18	.25
H80	.21	.25	.33	.24	.28
I87	.26	.24	.26	.20	.23
H74	.08	.16	.35	.66	.58
H71	.26	.20	.26	.39	.33
H77	.21	.27	.15	.32	.24
Eigen value	4.069	3.690	3.600	1.947	13.303
분산비율	18.27	17.39	16.30	13.74	
누적비율	18.27	35.66	51.96	65.70	

3) 실천과정 차원의 요인분석 결과

실천과정에 대한 요인분석 결과는 초기 고윳값 1.00이 넘는 것이 4개로 나타났으며 이들의 누적분산비율은 69.30%이었다. 1차 요인분석 결과에 따르면 문헌과 연구자의 연구에 비해 많은 요인이 추출되었으며 각 요인을 구성하는 문항들이 일관성 있게 묶여지지 않았다. 이에 따라 반복적으로 신뢰도가 낮은 문항을 제거함으로써 초기 고유치가 1이 넘는 요인이 연구자가 의도한 4개로 되었으며 이를 1차 요인분석의 최종 문항으로 선택하였다.

〈표-24〉은 실천과정에 대한 최종 요인분석 결과를 요약해 놓은 것으로 최종 선택된 모형은 KMO 측도 값이 .958이고 구상 검증치는 1921.53으로 모두 유의수준 .001에서 유의미한 것으로 나타났다. 4개 요인의 누적분산비율은 69.30%이었다. 요인 Ⅰ의 경우 지식활용을 나타내고 있으며 121번 문항을 포함한 총 7개의 문항으로 묶여졌다. 요인 Ⅱ의 경우는 지식공유로 101번 문항을 포함한 7개 문항으로 묶여졌다. 요인 Ⅲ의 경우는 지식창출을 나타내며 92번 문항을 포함한 다섯 개 문항으로 묶여졌다. 마지막으로 요인 Ⅳ의 경우는 지식저장을 나타내고 있으며 112번 문항을 포함한 4개 문항으로 묶여졌다.

이상과 같이 요인분석 결과 중 구성원 차원의 문항들에 대한 초기 고윳값(eigen value)이 1.00 이상의 값을 갖는 것은 다섯 개로 줄었으며 다섯 개의 누적분산비율은 69.9%이었다. 시스템 차원에서는 초기 고윳값이 1.00 이상인 요인은 4개로 줄었으며 4개의 누적분산비율은 65.7%이었다. 마지막으로 실천과정의 문항들에 있어서는 초기 고윳값이 1.00 이상인 요인이 4개로 줄었고 이들의 누적분산비율은 69.3%인 것으로 나타났다.

〈표-24〉 실천과정 차원의 본 검사 요인분석 결과

측정변인 문 항	I	II	III	IV	공통성
M124	.62	.00	.13	.09	.41
M127	.55	.19	.08	−.01	.34
M121	.54	.07	.13	.20	.36
M129	.49	.20	.22	.13	.35
M130	.47	.31	.19	.16	.37
M123	.46	.41	.13	.05	.40
M125	.45	.17	.23	.12	.30
M122	.43	.26	.12	.02	.27
J91	.42	.17	.25	.15	.29
M126	.37	.26	.12	.27	.29
L111	.37	.25	.23	.10	.26
L115	.36	.17	.19	.30	.29
J93	.36	.15	.28	.24	.29
J95	.35	.29	.16	.21	.27
K109	.33	.21	.33	.15	.29
L117	.33	.33	.24	−.07	.28
K103	.16	.71	−.03	.00	.53
K107	.12	.55	.23	.04	.38
K104	.16	.45	.24	.12	.30
K101	.27	.44	.09	.16	.31
K108	.43	.44	−.18	.37	.54
K105	.15	.44	.24	.18	.31
K110	.15	.44	.27	.15	.31
J98	.21	.35	.25	.17	.26
M128	.26	.34	.20	.28	.30
J99	.28	.33	.31	.04	.28
L119	.28	.29	.23	.13	.23
J94	.17	.08	.63	.08	.44
J92	.34	−.04	.59	.22	.52
J96	.02	.31	.53	.22	.42
J97	.26	.21	.46	.13	.34
J100	.05	.37	.41	.32	.41
K102	.22	.35	.39	.10	.34
L113	.20	.29	.37	.03	.26
K106	.32	.22	.36	.09	.30
L120	.19	.27	.32	.25	.27
L114	.19	.11	.24	.69	.58
L118	.22	.15	.27	.53	.42
L112	.24	.30	.17	.31	.28
L116	.35	.30	.40	.46	.58
Eigen value	4.430	3.943	3.396	2.149	13.917
분산비율	19.31	17.42	16.73	15.84	
누적비율	19.31	36.73	53.46	69.30	

나. 확인적 요인분석

이 장에서는 학교의 학습조직화 측정도구를 검증하기 위하여 확인적 요인분석을 시행하였다. 확인적 요인분석은 연구자가 요인의 수에 대한 정보를 가지고 있을 때 실시하는 분석방법으로, 본 연구에서는 확인적 요인분석 경로도를 통해 설정된 모형과 수집된 자료와의 관계를 검증하였다.

1) 연구모형의 설정

신념체계(x1)	$=$	$\lambda_{11}\xi_1$		$+$	δ_1
권한 부여(x2)	$=$	$\lambda_{12}\xi_1$		$+$	δ_2
비전 공유(x3)	$=$	$\lambda_{13}\xi_1$		$+$	δ_3
전문성 개발(x4)	$=$	$\lambda_{14}\xi_1$		$+$	δ_4
체제적 사고(x5)	$=$	$\lambda_{15}\xi_1$		$+$	δ_5
리 더 십(x6)	$=$		$\lambda_{21}\xi_2$	$+$	δ_6
조직 구조(x7)	$=$		$\lambda_{22}\xi_2$	$+$	δ_7
의사소통(x8)	$=$		$\lambda_{23}\xi_2$	$+$	δ_8
정보 시스템(x9)	$=$		$\lambda_{24}\xi_2$	$+$	δ_9
지식창출(x10)	$=$		$\lambda_{31}\xi_3$	$+$	δ_{10}
지식공유(x11)	$=$		$\lambda_{32}\xi_3$	$+$	δ_{11}
지식저장(x12)	$=$		$\lambda_{33}\xi_3$	$+$	δ_{12}
지식활용(x13)	$=$		$\lambda_{34}\xi_3$	$+$	δ_{13}

위 모형은 총 13개의 관찰변인과 3개의 잠재변인(구성요인)으로 구성된 확인적 요인모형이다. 잠재변인을 구성하고 있는 요인들을 살펴보면, 첫째, 구성원의 행동 특성인 잠재변인은 신념체계, 권한 부여, 비전 공유, 전문성 개발, 체제적 사고 등 다섯 개 관찰변인으로 구성되어

있다.

둘째, 지원 시스템인 잠재변인은 리더십, 조직 구조, 의사소통, 정보 시스템 등 4개 관찰변인으로 구성되어 있다.

셋째, 지식창출, 지식공유, 지식저장, 지식활용 4개 관찰변인은 학습의 실천과정이라는 잠재변수를 통해 구현되었음을 알 수 있다.

위 모형을 경로도로 제시하면 [그림-5]와 같다.

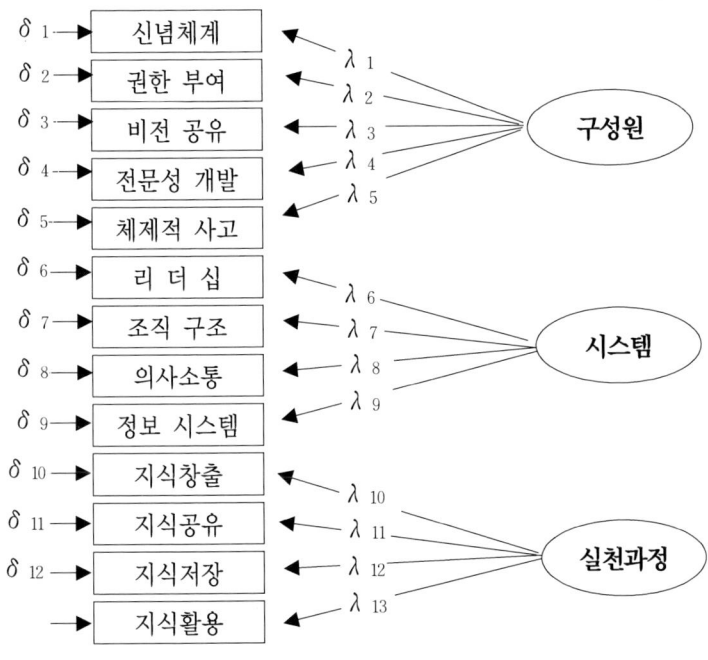

[그림-5] 확인적 요인분석 모형

확인적 요인분석은 선행이론에 의해 설정된 모형이 수집된 자료와 얼마나 일치하는지를 확인해 주는 통계적 기법이다. 요인의 개수나 요인의 개념적 의미 등이 관련된 모수들의 추정에 앞서 지지해 주는 장늡 통계적 적합도를 통해 확인할 수 있다. 제시된 [그림-5]와 같이 선행이론에 의해 설정된 모형은 3개의 잠재변인 간에 상관이 없는 것으로 되어 있다.

이런 모형이 설정되게 된 것은 연구자가 측정도구를 개발하면서 탐색적 요인분석의 varimax 기법을 사용했기 때문이다. 이런 논리적 추론이 합당한지를 확인하기 위해 3개의 잠재변인 간에 상관이 있는 모형을 설정하고 이를 수집된 자료가 지지하는지를 알아보았다. 만약 잠재변인 간에 상관이 있는 모형이 수집된 자료와 일치한다면 연구자가 도구 개발에 적용한 논리가 타당하지 않음을 나타낸다고 할 수 있다.

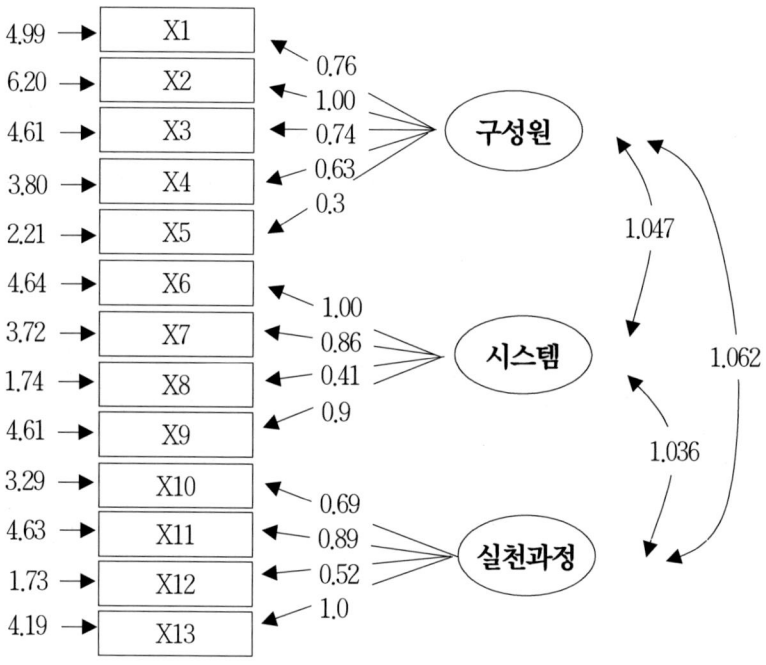

Chi-Square=145.570, df=62, P-value=0.000, RMSEA=0.194

[그림-6] 확인적 요인분석 경로도

제시된 [그림-6]에서와 같이 학습조직을 구성하고 있는 구성요인인 잠재변인 간에 상관관계가 없는 것으로 설정되었다.

위 모형의 적합도를 살펴보면 자유도가 62인 카이 제곱 값은 145.570이며 카이 제곱 값이 관찰될 확률은 0.000인 것을 나타났다. 또한 RMSEA의 값은 0.194인 것으로 나타났다. 이 결과는 설정된 모형이 수집된 자료와 일치하지 않음을 나타내고 있다. 따라서 잠재변인 간에 상관이 없다고 할 수 있으며, 이런 논리 속에서 개발된 본 측정도구는 타당하다고 할 수 있다.

2) 측정모형의 추정치

<표-25> 측정모형의 추정치

잠재변수 관찰변수	구성원(ξ_1)	시스템(ξ_2)	실천과정(ξ_3)	SMC(R^2)
신념체계(X1)	0.77	–	–	.60
권한 부여(X2)	1.00	–	–	.68
비전 공유(X3)	0.76	–	–	.61
전문성 개발(X4)	0.62	–	–	.68
체계적 사고(X5)	0.32	–	–	.37
리 더 십(X6)	–	1.00	–	.61
조직 구조(X7)	–	0.89	–	.59
의사소통(X8)	–	0.42	–	.41
정보 시스템(X9)	–	0.98	–	.60
지식창출(X10)	–	–	0.72	.59
지식공유(X11)	–	–	0.91	.61
지식저장(X12)	–	–	0.57	.58
지식활용(X13)	–	–	1.00	.67

〈표-25〉와 같이 측정모형에 대한 추정치를 요약한 것으로 특별히 작은 완전 표준화 추정치가 없고 모든 추정치의 t-값이 1.96보다 커서 통계적으로 유의하다고 할 수 있으므로 측정의 타당성에는 문제가 없는 것으로 보인다.

구조방정식 모형의 경우 통상적으로 다중상관계수(squared multiple correlation: R^2)를 관찰변수에 대한 잠재변수의 선형성의 정도를 나타내는 경험적 신뢰도로 사용하고 있다. 즉 R^2는 관찰변수의 변인 중 잠재변수에 의해 설명되는 비율이라고 할 수 있으며 본 연구에 나타난 신뢰도는 체계적 사고를 제외하면 모두 양호한 결과라고 할 수 있다.

3) 모형의 적합도 검정

(1) 카이 제곱 통계량

```
Degrees of Freedom=65
Minimum Fit Function Chi-Square=12010.43 (P=0.00)
Normal Theory Weighted Least Squares Chi-Square=2009.65 (P=0.00)
Estimated Non-centrality Parameter (NCP)=83.68
90 Percent Confidence Interval for NCP=(52.24; 122.84)
```

카이 제곱 통계량의 귀무가설은 '모공분산 행렬이 모형에 의해서 정의되는 공분산 행렬과 같다'라는 것을, 대립가설은 '모공분산 행렬이 어떠한 제약도 가지고 있지 않다'는 것을 의미한다. 따라서 유의확률(p-값)이 0.05보다 작으므로 귀무가설은 기각되고 모형이 자료에 의해 잘 지지되지 않는다는 결론을 내릴 수 있다.

(2) RMSEA(Root Mean Squared Error of Approximation)

```
Minimum Fit Function Value=0.18
Population Discrepancy Function Value (F0)=0.10
90 Percent Confidence Interval for F0=(0.065; 0.15)
Root Mean Square Error of Approximation (RMSEA)=0.194
90 Percent Confidence Interval for RMSEA=(0.128; 0.215)
P-Value for Test of Close Fit (RMSEA<0.05)=0.40
```

RMSEA는 연구 모집단을 모형이 얼마나 잘 근사하느냐의 정도를 나타내는 측도로 Steiger와 Lind(1980)에 의해 제안되었으며 0.05보다 작으면 근사가 적정함을 나타내고, 0.05~0.10이면 보통, 0.10보다 크면 좋지 않음을 나타낸다. 본 연구에서는 0.194로 0.10보다 크므로 모형이 서로 독립되어 있음을 알 수 있다.

(3) RMR(Root Mean Square Residual)

```
Root Mean Square Residual (RMR)=0.079
Standardized RMR=0.078
Goodness of Fit Index (GFI)=0.97
Adjusted Goodness of Fit Index (AGFI)=0.96
Parsimony Goodness of Fit Index (PGFI)=0.66
```

RMR은 적합 잔차의 제곱들의 평균에 제곱근을 취한 것이다. 이 값이 적을수록 적합 정도가 좋음을 나타낸다. 그러나 RMR은 관찰변수들의 척도(Scale)에 의존하므로 이를 표준화한 SRMR을 일반적으로 사용하며 이 값이 0.05 이하이면 적합 정도가 좋은 것으로 간주된다.

2. 본 검사의 신뢰도 검증

신뢰도 검증은 측정의 일관성을 유지하고 측정도구의 오차를 극소화하며 그 오차의 정도를 파악하는 방법은 중요하다. 이를 위한 접근 방법으로 본 검사에서는 Cronbach α 계수를 산출하여 측정변인에 따른 문항들의 신뢰도를 검증을 하였다.

〈표-26〉에서 제시된 바와 같이 문항의 본 검사 신뢰도 계수는 .80 이상으로 비교적 높았다. 특히 요인 Ⅲ인 비전 공유는 .894, 요인 Ⅵ 인 리더십은 .878, 요인 Ⅹ인 지식창출은 .821, 요인 ⅩⅠ인 지식공유는 .896으로 높은 신뢰도를 보여주었다. 또한 요인분석 결과에 따라 나타난 학습조직의 구성원의 특성에 관한 다섯 개 요인과 지원 시스템에 관한 4개 요인, 그리고 학습의 실천과정에 관한 4개 변인에 대한 하위 문항들의 신뢰도 분석 결과는 〈부록〉과 같다.

〈표-26〉 본 검사 측정도구의 신뢰도

측정변인	전체 문항 수	α계수
신념체계 (Ⅰ)	7	.908
권한 부여 (Ⅱ)	6	.824
비전 공유 (Ⅲ)	7	.894
전문성 개발 (Ⅳ)	9	.910
체제적 사고 (Ⅴ)	3	.885
리 더 십 (Ⅵ)	7	.878
조직 구조 (Ⅶ)	6	.872
의사소통 (Ⅷ)	5	.818
정보 시스템 (Ⅸ)	7	.845
지식창출 (Ⅹ)	5	.821
지식공유 (ⅩⅠ)	7	.896
지식저장 (ⅩⅡ)	4	.853
지식활용 (ⅩⅢ)	7	.915
전 체	80	.814

가. 확정된 측정문항

1) 하위변인별 확정 문항

본 연구에서는 학습조직에 대한 측정문항 확정, 확정된 문항의 내용, 확정된 문항의 신뢰도 분석을 제시하였다.

확정된 문항단계에서는 본 검사 자료에 대한 통계분석을 통해서 1차로 확정된 문항과 이들 문항에 대한 신뢰도를 고려하여 3개 변인별 80개 문항을 확정하였다.

앞에서 제시한 예비검사와 본 검사 과정을 거쳐 최종적으로 확정된 측정도구의 문항은 〈표-27〉과 같다.

〈표-27〉 하위변인별 문항 수와 문항 번호

구성요소	측정변인	문항 수	문항 번호
구성원 (32)	신념체계	7	A1, A2, A4, A5, A6, A7, A8
	권한 부여	6	B12, B13, B14, B15, B16, B19
	비전 공유	7	C21, C24, C25, C27, C28, C29, C30
	전문성 개발	9	D31, D32, D33, D34, D35, D37, D38, D39, D40
	체제적 사고	3	E41, E42, E46
시스템 (25)	리더십	7	F51, F53, F54, F55, F58, F59, F60
	조직 구조	6	G61, G62, G63, G64, G66, G67
	의사소통	5	H71, H74, H75, H77, H78
	정보 시스템	7	I81, I83, I85, I86, I88, I89, I90
실천과정 (23)	지식창출	5	J92, J94, J96, J97, J100
	지식공유	7	K101, K103, K104, K105, k107, K108, K110
	지식저장	4	L112, L114, L116, L118
	지식활용	7	M121, M123, M124, M125, M127, M129, M130

나. 확정된 문항 내용

본 연구를 통하여 개발된 학교조직에서의 학습조직 측정 질문지
(LOMQ: Learning Organization Measurement Questionnaire)의 80개
문항을 학습조직 하위변인별로 분류하여 제시하면 다음과 같다.

A) 신념체계
나는-

새로운 변화에 적극적으로 대처한다.

수업지도에 자신감을 가지고 있다.

학교에서 중요한 역할을 수행하고 있다.

사회의 변화에 따라 학교도 변해야 한다고 생각한다.

실수에 대한 두려움 없이 주어진 업무를 수행한다.

학생을 위해 최선을 다한다.

교직을 만족스럽게 생각한다.

B) 권한 부여
우리 학교장은-

교사들에게 자율적인 교육과정 운영권을 부여하고 있다.

교사들에게 다양한 의견을 제시할 기회를 부여한다.

교사들에의 능력을 인정해 주고 높은 직무수행을 기대한다.

교사들에게 수업에 대한 의욕을 갖도록 격려한다.

교사들의 창의적인 아이디어를 존중한다.

교사들에게 실수를 통해서 배울 수 있다고 격려한다.

C) 비전 공유
우리 학교 교사들은-

학교목표와 비전을 이해하고 있다.

학교가 추구하는 미래의 비전을 공유한다.

학교목표의 추진상황을 점검하고 문제점을 보완한다.

우리 학교의 비전이 달성 가능하다고 생각한다.

학교목표에 따라 창의적인 학급목표를 세운다.

우리학교의 비전이 달성되면 나의 비전도 이루어진다고 본다.

우리학교의 비전을 달성하게 위하여 자발적으로 참여한다.

D) 전문성 개발
우리 학교는-

교사의 자기발전을 위한 기회가 많다.

개인의 연수 활동을 장려한다.

동료교사 간에 전문적 교류가 왕성하다.

교내 자율연수는 다소 형식적이다.

교과 연구회 활동이 활발하다.

교사들에게 토론하고 연구할 시간을 제공한다.

교사들이 연수 활동에 적극적으로 참여한다.

교사들이 수업개선을 위하여 지속적으로 자기개발을 한다.

교사들이 자신의 능력을 개발하기 위해 노력한다.

E) 체제적 사고
나는-

나의 업무가 동료나 우리학교에 미치는 영향을 고려한다.

독자적으로 업무를 추진하기보다는 다수의 의견을 고려한다.

나의 업무 결과를 평가하여 다음 업무에 반영한다.

F) 리더십

우리 학교장은-

교사들 간의 협력체제를 강조한다.

교사들의 의견을 적극적으로 수렴한다.

교사들에게 직무수행에 필요한 정보를 제공한다.

교사들과의 대화를 강조한다.

교사들의 능력을 충분히 발휘하도록 도와준다.

교실 수업이 잘 이루어지도록 충분한 지원을 한다.

교내의 잘못된 관행을 과감하게 고쳐 나간다.

G) 조직 구조

우리 학교는-

교직원 회의에서 결의된 사항은 학교 운영에 반영된다.

교사들은 의사결정에 참여할 기회가 많다.

업무는 교장의 의도대로 처리된다.

업무 활동이 유기적으로 이루어지고 있다.

업무처리에 있어 절차와 규정을 강조한다.

교과 및 학년 단위 활동이 강조되고 있다.

H) 의사소통

우리 학교는-

학생들의 요구사항을 충분히 반영한다.

특정 업무가 일부 교사들에 의해 이루어지고 있다.

가정과 의사소통 통로가 마련되어 있다.

업무 협의체제가 원활하게 이루어지고 있다.

교사들은 수업개선 방안을 협의한다.

I) 정보 시스템

우리 학교는-

교내 전산망이 잘 정비되어 있다.

정보를 활용할 수 있는 운영체제를 가지고 있다.

교수-학습 방법에 관한 자료를 쉽게 접할 수 있다.

지역사회와 신속한 정보체제가 구축되어 있다.

교내 연수물을 교내 전산망에 탑재하고 활용한다.

교사들은 정보 시스템의 이용방법을 알고 적극적으로 활용한다.

학사 및 업무처리를 행정 전산망으로 하고 있다.

J) 지식창출

우리 학교 교사들은-

연수 활동에서 습득한 지식을 통해 수업을 개선한다.

새로운 교수방법에 대한 정보를 습득한다.

온라인을 통해 교수-학습에 관한 자료를 수집한다.

전문서적이나 각종 장학 자료를 통해 정보를 획득한다.

동호회나 교과 연구회를 통해 새로운 정보를 얻는다.

K) 지식공유

우리 학교 교사들은-

새로운 정보를 언제든지 접할 수 있다.

업무에 관련된 자료를 상호 공유하고 있다.

교과 및 학년 협의회를 통해 다양한 정보를 공유하고 있다.

교수-학습 자료를 서로 공유한다.

새로운 지식과 정보를 공개하는 편이다.

비공식적인 모임에서도 수업에 관련된 정보를 교류한다.

연수를 통해 얻은 지식을 동료교사들과 공유한다.

L) 지식저장

우리 학교 교사들은-

아동의 학습 활동 결과를 누가적으로 보관하고 있다.

부서별 업무 추진 결과를 체계적으로 관리하고 있다.

교육관련 각종 양식을 표준화하여 보관하고 있다.

교사들은 각종 연수물을 학내 전산망에 탑재하고 있다.

M) 지식활용

우리 학교 교사들은-

동료교사가 가진 지식과 정보를 수시로 활용한다.

외부 기관에서 제공한 수업기술을 학급에 활용한다.

연수 활동을 통해 습득한 지식을 수업 활동에 적용한다.

인터넷을 통해 얻은 지식을 수업에 활용한다.

비공식 모임을 통해 습득한 지식을 학급운영에 활용한다.

학부모와 전문가들의 의견을 교육 활동에 반영한다.

각종 연구대회에서 입상한 아이디어를 활용하는 편이다.

다. 확정된 문항의 신뢰도

확정된 문항의 신뢰도 분석 결과는 세 변인으로 나누어 제시할 수 있다. 구성원 차원에서 신념체계는 .908, 권한 부여는 .824, 비전 공유는 .894, 전문성 개발은 .910, 체제적 사고는 .885로 신뢰계수는 전반적으로 높은 것으로 나타났다. 시스템 차원에서의 살펴보면, 리더십의 신뢰계수는 .878, 조직 구조는 .872, 의사소통은 .818, 정보 시스템은 .845로 높게 나타났다. 그리고 실천과정에서 지식창출은 .821, 지식공유는 .896, 지식저장은 .853, 지식활용은 .915로 지식활용이 가장 높은 신뢰계수를 보이고 있다. 문항별 Cronbach α 값의 결과는 다음과 같다.

<표-28> 구성원 특성에 관한 신뢰도 분석

구성요인	검사 문항	문항 제거 전 α값	Cronbach α값
신념체계(Ⅰ)	A1	.6.98	.908
	A2	.686	
	A4	.699	
	A5	.632	
	A6	.693	
	A7	.693	
	A8	.692	
권한 부여(Ⅱ)	B12	.614	.824
	B13	.637	
	B14	.600	
	B15	.626	
	B16	.627	
	B19	.627	

구성요인	검사 문항	문항 제거 전 α값	Cronbach α값
비전 공유(Ⅲ)	C21	.674	.894
	C24	.658	
	C25	.663	
	C27	.670	
	C28	.656	
	C29	.665	
	C30	.681	
전문성 개발(Ⅳ)	D31	.743	.910
	D32	.746	
	D33	.748	
	D34	.750	
	D35	.750	
	D37	.745	
	D38	.740	
	D39	.749	
	D40	.741	
체제적 사고(Ⅴ)	E41	.692	.885
	E42	.637	
	E46	.651	

<표-29> 시스템에 관한 신뢰도 분석

구성요인	검사 문항	문항 제거 전 α값	Cronbach α값
리더십(Ⅰ)	F51	.667	.878
	F53	.678	
	F54	.667	
	F55	.684	
	F58	.670	
	F59	.671	
	F60	.673	
조직 구조(Ⅱ)	G61	.618	.872
	G62	.627	
	G63	.623	
	G64	.629	
	G66	.626	
	G67	.621	
의사소통(Ⅲ)	H71	.675	.818
	H74	.662	
	H75	.689	
	H77	.695	
	H78	.660	

구성요인	검사 문항	문항 제거 전 α값	Cronbach α값
정보 시스템(Ⅳ)	I81	.656	.845
	I83	.659	
	I85	.658	
	I86	.665	
	I88	.667	
	I89	.659	
	I90	.669	

<표-30> 실천과정에 관한 신뢰도 분석

구성요인	검사 문항	문항 제거 전 α값	Cronbach α값
지식창출(Ⅰ)	J92	.613	.821
	J94	.628	
	J96	.627	
	J97	.621	
	J100	.620	
지식공유(Ⅱ)	K101	.674	.896
	K103	.663	
	K104	.666	
	K105	.675	
	k107	.665	
	K108	.675	
	K110	.666	
지식저장(Ⅲ)	L112	.617	.853
	L114	.636	
	L116	.527	
	L118	.631	
지식활용(Ⅳ)	M121	.695	.915
	M123	.685	
	M124	.701	
	M125	.685	
	M127	.700	
	M129	.701	
	M130	.681	

1. 요 약

학습조직은 학습을 통한 조직변화의 대응 방안으로 기업조직에서
활발한 연구가 이루어지고 있으나, 아직까지 학교에서는 학습조직에
대한 개념을 적용하는 탐색적 연구에 국한되어 있다. 학교조직도 학
습조직으로 전환되어야 한다는 필요성과 가능성에 관한 연구가 제기
되고 있기에 본 연구는 새로운 영역으로 발전할 것이라는 가정하에
시작하였다.

본 연구는 학교의 학습조직화 정도를 진단하기 위하여 측정도구를 개
발하고, 도구의 양호도를 분석하는 데 그 목적이 있다. 이러한 연구
목적을 달성하기 위해 학습조직에 관한 文獻考察과 經驗的 先行研究
를 분석하여 측정변인과 측정모형을 정립한다. 이 모형을 근거로 도
구를 제작하고, 경험적 검증을 통하여 도구의 타당화 연구를 진행한
바 그 결과를 요약하면 다음과 같다.

첫째, 이론적 측면에서 학습조직에 대한 개념을 궁극적으로 '지속적인

成長 機能 狀態'로 보며, 이를 구체적으로 환경의 적응, 조직의 개선, 그리고 지식의 공유로 정의하였다. 더 나아가 학교의 학습조직화 정도를 진단하기 위한 개념모형은 학습을 통해 이루어지는 조직 구성요소들 간의 역학적인 관계로 보고 문헌고찰과 경험적 선행연구를 분석·종합하여 이를 근거로 학습조직의 구성요소를 구성원의 행동 특성, 지원 시스템, 학습의 실천과정으로 분류하여 요소들 간의 역학적 관계를 개념모형으로 삼았다. 이 개념모형에서 학습조직이란 조직의 지속적인 성장을 위해 구성원, 시스템, 실천과정이 상호 역학적 관계를 형성하는 역동적인 상태를 의미한다.

또한 학습조직화 측정도구를 개발하기 위한 측정모형은 개념모형을 근거로 規範的 接近(normative approach)을 시도하여 학습조직의 측정변인으로 신념체계, 권한 부여, 비전 공유, 전문성 개발, 체제적 사고, 리더십, 조직 구조, 의사소통, 정보 시스템, 지식창출, 지식공유, 지식저장, 지식활용 등 13개 요인으로 측정모형을 정립하였다.

둘째, 연구 방법적 측면으로 학습조직에 대한 이론적 논의와 그 하위변인을 선정하기 위하여 문헌 연구의 방법을 적용하였다. 측정도구의 제작은 문헌 연구에서 추출된 학습조직의 하위변인에 따라 측정문항을 작성하고, 작성된 문항을 교사들에게 적용하여 1차 및 2차 예비검사와 본 검사를 실시하였다.

1, 2차 예비검사는 수도권 지역에 소재한 일선학교 교사를 대상으로 각각 151명과 200명을 대상으로 선정하였다. 본 검사 단계에서는 798명의 교사들이 응답한 내용을 근거로 하였다.

이와 같이 수집된 자료는 다음과 같은 절차를 거쳐 학습조직 측정문항을 선별하였다.

1) 학습조직에 관한 이론을 고찰하고, 그 결과를 토대로 16개의 측정변인과 그에 따른 학습조직 측정문항 총 500개를 수집하였다. 그리고 부적절한 측정변인과 문항을 제외시켜 13개의 측정변인과 각 하위변인별로 15~20개씩의 문항 총 212개의 문항으로 선별하였다. 측정도구의 양호도를 높이기 위해 내용 타당도를 검증하였으며 선정된 130개 문항을 사용하였다.

2) 도구의 신뢰도와 타당도를 검증하기 위하여 신뢰도는 Cronbach α 계수를 구하였는바 각 요인별로 .81~.91까지 나타났다. 또한 요인분석은 varimax 회전을 실시하여 고유치(eigen value) 1.0 이상을 가진 요인을 추출했으며, 회전된 요인행렬식은 어느 한 요인에만 높게 부하된 요인을 선별하였다. 그 결과 각 요인별 문항의 부하량이 .30 이상이고, 절대 잔여요인 평균이 .20 이하를 나타내어 單一要因 차원으로써 의미 있는 독립적 기능을 가진 측정도구임을 알 수 있다.

마지막으로, 도구 적용의 측면에서 연구 결과를 제시하면 다음과 같다.

본 연구에서 모형의 적합도를 검증을 위한 確認的 要因分析에서는 Chi-Square=145.570, df=62, p-value=0.000, RMSEA=0.194로 나타났다. 이 결과는 설정된 모형이 수집된 자료와 일치하지 않음을 나타내고 있다. 따라서 잠재변인 간에 상관이 없다고 할 수 있으며, 이런 논리 속에서 개발된 본 측정도구는 타당하다고 할 수 있다.

2. 결 론

본 연구는 학교의 학습조직화 측정도구 개발을 위한 경험적 타당화 과정의 결과를 토대로 理論的 및 方法論的 측면에서 결론을 제시하고자 한다.

첫째, 이론적 측면에서는 최근 학습조직에 대한 연구는 크게 두 분류로 나눌 수 있는데, 하나는 학습조직 구축에 영향을 미치는 요인들에 대한 연구이고, 다른 하나는 학습조직의 성과에 관한 연구이다. 학습조직의 패러다임이 본격화되기 이전에는 주로 조직의 학습을 촉진할 수 있는 요인에 대한 탐구가 많이 이루어졌다. 학습을 촉진하는 요인을 초기에는 구성원의 행동 특성에서 찾았으나, 후반으로 오면서 조직의 시스템 요인을 크게 강조하고 있다.

본 연구에서는 학습조직에 대한 硏究動向을 전체적으로 眺望하여 구성원, 시스템, 실천과정의 세 가지 구성요소를 개념모형으로 설정한 것에 의의가 있다.

또한 학습조직에 대한 문헌고찰을 통하여 개념모형을 구안하고, 이를 토대로 조작적 개념화를 통한 측정변인의 선정과 측정모형을 개발하였다.

이 연구에서는 개념모형을 토대로 학습조직에 관련된 문헌을 고찰하고 학자들의 내용을 분석·종합하여 측정변인을 선정하는 연역적 접근방법을 통해 측정모형을 정립하였다.

둘째, 방법론적 측면에서는 측정도구의 신뢰도 검증을 위하여 Cronbach Alpha 계수를 산출하였다. 본 연구에서 채택한 신뢰도 검증 방법은 측정도구의 특성을 고려하여 재검사 신뢰도나 동형검사 신뢰도 검증 대신에 문항의 내적 일관성을 유지하면서 측정오차를 줄이기 위해 Cronbach α 계수를 적용하였다. 본 척도는 13개 요인 차원으로 구성되어 있어 α 계수에 의한 신뢰도 측정은 바람직한 방법이라 할 수 있다. 대부분 연구에서는 도구의 신뢰도 측정에 있어서 재검사 신뢰도와 동형검사 신뢰도를 구하고 있으나 이 같은 접근방법은 신뢰도 계수가 변화되는 문제점을 고려하지 않은 방법이라 할 수 있다. 하지만 본 연구의 신뢰도 검증에서는 도구의 특성에 맞는 방법을 선택하였음에 의의를 둘 수 있다.

또한 측정도구 개발 연구에서 도구의 타당화는 탐색적 요인분석에 국한시키는 경우가 많은 데, 이것은 단지 문항의 부하량을 검증한 결과에 지나지 않는다. 그러나 본 연구에서는 문헌고찰과 경험적인 연구 결과를 토대로 개념화된 13개의 학습조직 요인들이 상호 독립적인 의미를 갖는지를 알아보기 위해 직교회전 방법 중 varimax 회전요인분석방법을 적용하였다.

그리고 수집한 자료가 설정한 모형과 일치하는지를 LISREL을 통해 모형의 적합도를 검증한 결과 기존에 설정한 가정이 varimax 방법을 적용하여 얻은 결과와 일치하였다.

끝으로 본 연구의 측정도구는 크게 구성원 차원의 사회 심리적 요인과 조직 차원의 지원 시스템, 그리고 학습의 실천과정의 세 범주로 구성되어 있다. 이러한 통합적 접근방법에 의해 제작된 본 연구는 교육행정 이론에 관련된 유사 변인들과 어떤 관계가 있는지 경험적으로 검증해 볼 수 있는 중요한 자료가 될 것이다. 그리고 학교가 학습조직으로 전환할 수 있는 구체적인 전략 탐색과 방향성을 내포하고 있다는 점에도 또 다른 의의를 찾을 수 있다.

1. 국내 문헌

권석균(1996b). 학습조직이 이론과 실제. 서울: 삼성경제 연구소.

권석균(1996). 조직학습과 학습장애요인에 관한 탐색적 연구. 한국인
　　사관리학회 인사관리연구, 20(1), 6-7.

김명형(1996). "조직학습능력과 조직학습성과에 관한 연구", 고려대학
　　교 대학원 박사학위논문.

김수연(2002). "생산부문의 학습조직 구축을 위한 학습성과 분석에
　　관한 연구", 강원대학교 대학원 박사학위논문.

김종철(1999). "학습조직의 촉진요인 및 실천요인분석", 한양대학교
　　대학원 박사학위논문.

김희규(2004). Senge의 학습조직이론의 학교 적용에 관한 연구. 교육
　　행정학연구, 22(1), 67-68.

박광량(1993b). 조직변화와 조직학습: 이론적 통합을 위한 시론. 경
　　영연구, 홍익대학교 경영연구소, 17, 63-85.

박광량(1994b). 학습조직의 측정과 구축에 관한 연구. 경영연구, 홍익
　　　대학교 경영연구소, 18, 63-91.

박광량(1996). 학습조직의 이론과 실제. 서울: 삼성경제 연구소.

박성원(1999). "학습조직화의 장애요인에 관한 경험적 연구 -지방자
　　　치단체를 대상으로-." 강원대학교 대학원 박사학위논문.

박수연(2001). 미래의 학교지도자가 가져야 할 가치관. 교육행정학연
　　　구, 19(4), 406-407.

손태원(1996). 학습조직의 이론과 실제: 학습조직과 시스템 사고, 삼
　　　성경제 연구소, 181-210.

손태원·전상길(1996). 학습군과 조직효과성과의 관련에 관한 탐색적
　　　연구 -Senge의 학습조직 모형에 대한 분류적 접근-, 한양대
　　　학교 경제 연구소, 141-166.

신상문(1999). "지식경제시대 경쟁전략으로써의 학습조직: 유용성 검
　　　증과 국가수준으로써의 확장", 서울대학교 대학원 박사학위논문.

유영만(1994). 학습체제로써의 조직, 학습조직에 대한 시론적 논의.
　　　교수공학연구, 3(1), 170-172.

유영만(1996). 학습조직과 창조적 교육파괴. 교육연구정보, 23(3),
　　　109-111.

유현숙 외. 지식기반사회에서의 학교교육 정책방향과 과제. 한국교육
　　　개발원 연구보고, RR 99-110.

이군현(1997). 학습조직이론의 교육조직에의 적용에 관한 탐색연구.
　　　교육행정학연구, 15(3), 571-579.

이병진(2003). 초등교육학 개론. 서울: 문음사.

정석기(2001). "학교경영에 있어서 조직학습체제 모형 연구". 전남대
　　학교 대학원 박사학위논문.

최재윤(2000). "경험된 학습이 학습조직 유형과 기업성과에 미치는
　　영향". 중앙대학교 대학원 박사학위논문.

2. 국외문헌

Anderson, B. L. (1993). The stages systemic change. *Educational
　　Leadership, 51(1),* 14-17.

Argyris, C. (1990). *Overcoming organizational defenses: facilitating
　　organizational learning.* Boston: Allyn and Bacon.

Argyris, C. (1991). Teaching smart people how to lean. *Harvard
　　Business Review, 69(3),* 99-109.

Argyris, C. & Schon, D. A. (1978). *Organizational learning: A theory
　　of action perspective. Reading,* Massachusetts: Addison-Wesley.

Argyris, C. & Schon, D. (1996). *Organizational learning II: theory,
　　Method and practice.* Massachusetts: Addison Wesley.

Argyris, C. (1992). *On organizational learning. (1st ed.).* Massachusetts:
　　Blackwell publishers.

Argyris, C. (1993). *Knowledge for action: a guide to overcoming
　　barriers to organizational change.* San Francisco: Jossey-Bass

publishers.

Ball, S. J. (1994). *Education Reform: A critical and post-structural approach*. Buckingham: Open University Press.

Bamburg, J. (2001). Transforming education: Learning, learning organizations, and leadership: Implications for the year 2050. Retrieved May 25, 2001 from *file://A:\Restructuring%20Education.htm*.

Bass, B. M. & Avolio, B. (1994). *Improving organizational effectiveness through transformational leadership*. California: Sage publications.

Bass, B. M. & Avolio, B. (2000). *Multifactor leadership questionnaire: Technical report, (2nd ed.)*. California: Mind Garden.

Beeby, M. & Booth, B. (2000). Networks and inter-organizational learning: A critical review [Electronic version]. *The learning organization, 7(2)*, 75-88.

Bolman, L. G. & Deal, T. E. (1997). *Reframing organizations artistry, Choice, and leadership, (2nd ed.)*. San Francisco: Jossey-Bass publishers.

Boyer, E. L. (1995). *The basic school: A community for learning*. The Carnegie Foundation: New Jersey.

Burrel, G., & Morgan, G. (1980). *Sociological paradigm and organizational analysis*. London: H.E.B.

Cahill, D. J., & Fearon, D. S. (1997). The "real word" as

classroom: the learningorganization and innovation [Electronic version]. *The Learning Organization, 4(3),* 106-108.

Calabrese, A. & Shoho, A. (2000). Recasting educational administration programs as learning organizations [Electronic version]. *The International Journal of Educational Management,* 14(5), 210-215.

Cizek, G. C. (1999). *Handbook of educational policy.* Academic Press: San Diego.

Coad, F. C. & Berry, A. J. (1998). Transformational leadership and learning organization [Electronic version]. *Leadership & Organizational Development Journal, 19(3),* 164-172.

Coe, M. A. (1998). Learning organizations and the innovative/ effective middle school, Doctoral dissertation. The Pennsylvania State University, 58.

Coleman, M. & Pounder, J. S. (2002). Women-better than men? In general and educational management it still "all depends" [Electronic version]. *Leadership & organizational Development Journal, 23(3),* 122-133.

Collins, D. (2000). *Achieving your vision of professional development. (3rd ed.).* Tallahassee: Serve.

Davies, B. & Ellison, L. (2001). Organizational learning: *The international Journal of Educational Management, 15(2),* 78-85.

Dimmock, C. (1992). Principals and school restructuring: conceptualizing challenges as dilemmas [Electronic version]. *Journal of Educational Administration, 37(5)*, 441-462.

Dixon, N. M. (1992). Organizational learning: A review of the literature with implications for HRD professionals. *Human Resource Development Quarterly, 3(1)*, 29-49.

Dodgson, M. (1993). Organizational learning: A review of some literatures. *Organizational Studies, 14(3)*, 375-394.

DuFour, R. & Eaker, R. (1998). *Professional Learning Communities at Work: Best Practices for Enhancing Student Achievement.* Virginia: Association for Supervision and Curriculum Development.

Easterby-Smith, M., Araujo L., & Burgoyne, J. (199). *Organizational Learning and the Learning Organization.* Thousand Oaks, California: SAGE Publications Inc.

Ellis, S. K. (1998). Principal leadership styles and the transformation of pre-secondary schools into learning organizations(Doctoral dissertation, Southern Illinois University, 1998). *Dissertation Abstract International, 59, 8A.*

Fast, D. H. (1998). Creating learning organizations through school improvement(students performance, teachers)(Doctoral dissertation, wichita State University, 1998). *Dissertation Abstract International, 59, 06A.*

Fiedler, A. (1993). The effect of vision congruence on employee empowerment, commitment, satisfaction, and performance

(Doctoral dissertation, Florida International University, 1993). *Dissertation Abstract International*, *54*, 03A.

Foster, W. (1986). *paradigms and promises: New Approaches to Educational Administration*. New York: Prometheus Books.

Fullan, M. & Hargreaves, A. (1991). *What's worth fighting for? Working together for your school*. Toronto: Ontario Public School Teachers' Federation.

Fullan, M. (1993). *Change forces*. Bristol, PA: Falmer.

Fullan, M. (1995). The School ad a learning organization: Distant dreams. *Theory Into Practice*. 34(4), 230-235.

Garvin, T. (1997). The learning organization: a review and evaluation [Electronic version]. *The Learning Organization*, *4(1)*, 18-29.

Garvin, D. A. (1993). Building a learning organization. *Harvard Business Review*, 71(4): 78-91.

Garvin, D. A. (2000). *Learning in action: A guide to putting the learning organization to work*. Boston: Harvard Business School Press.

Gay, L. R. & Airasian, p. (2000). *Educational research: Competencies for analysis and application, (6th ed.)*. New Jersey: Prentice-Hall.

Gould, J., & DiBella, A., (1993). Organization as learning system. *The Systems Thinker: Building shared understanding, 4(8)*, 1-3.

Greene, T. S. (2000). Schools as "learning organizations" (Doctoral dissertation, Pepperdine University, 1998). *Dissertation Abstract International, 61, 11A.*

Griego, O. V., Geroy, G. D., & Wright, P. C. (2000). Predictors of learning organizations: a human resource development practitioner's perspective. *The Learning Organization, 7(1),* 5-12.

Hall, G. E. & Hord, S. M. (2001). *Implementing change: Patterns, principles, and potholes. Boston:* Allyn and Bacon.

Harris, A. & Bennett. (2001). *school effectiveness and school improvement: Alternative Prospectives.* London: British Library Cataloguing-in-Publication Data.

Hite, J., Jr. (1999). *Learning in chaos: improving human performance in today's fast-changing, volatile organizations.* Houston: Gulf Publishing Company.

Hodgkinson, M. (2000). Managerial perceptions of barriers to becoming a "learningorganization" [Electronic version]. *The Learning Organization, 7(3),* 156-167.

Hodgkinson, M. (2002). A shared strategic vision: Dream or reality? [Electronicversion]. *The Learning Organization, 9(2),* 89-95.

Hong, J. (1999). Structure for organizational learning [Electronic version]. *The Learning Organization, 6(4),* 173-186.

Hoy, W. K., & Miskel, C. G (2001). *Educational administration:*

Theory, research, and practice, (6th ed.). New York: McGaw-Hill, Inc.

Huber. G. P. (1991). Organization learning: the contributing processes and the literature. *Organization Science, 2*, 88-115.

Humphreys, J. H. & Einstein, W. O. (2003). Nothing new under the sun: transformational leadership from a historical perspective. *Management Decision, 41(1)*, 85-95.

Ikehara, H. T. (1999). Implications of gestalt theory and practice for the learning organization [Electronic version]. *The Learning Organization*, 6(2), 63-69.

Isaacson, N. & Bamburg, J. (1992). Can school become learning organization? *Educational Leadership*, 50(30), 42-44.

Jame, C. & Connolly, U. (2000). *Effective Change in School*. London: Cambridge University Press.

Johnston, C. & Caldwell, B. (2001). Leadership and organizational learning in the quest for world class schools [Electronic version]. *The International Journal of Educational Management, 15(2)*, 94-103.

Karsten, S., Voncken, E., & Voorthuis, M. (2000). Dutch primary schools and the concept of the learning organization [Electronic version]. *The Learning Organization, 7(3)*. 145-156.

King, B. & Newmann, F. (2001). Building school capacity through professional development: Conceptual and empirical considerations

[Electronic version]. *The International Journal of Educational Management, 15(2),* 86-94.

Klenine-Kracht, P. A (1993, July). The principal in a community of learning [Electronic version]. *Journal of school Leadership, 3(4),* 391-399.

Kline, K. (1998). Schools as learning organizations: A learning history of a changing school(Education reform, School reform) (Doctoral dissertation, the Seton Hall University, 2002). *Dissertation Abstract International, 63, 01A.*

Lam, Y. (2001). Toward reconceptualizing organizational leaning: A multidimensional interpretation [Electronic version]. *The International Journal of Educational Management, 15(5), 212-219.*

Lashway, L. (1998). Creating a learning organization. ERIC Clearinghouse on Educational Management Eugene OR, ED420897. Retrieved February 18, 2001 from *file://A: \ED420897 1998-04-00 Creating a Learning Organization__ ERIC Digest,Number121.htm.*

Leithwood, K. & Aitken, R. (2000). *Making Schools Smarter.* California: Corwin Press, Inc.

Leithwood, K. A. (1996). *Organizational learning and leadership.* A series of brief reports research in ontario secondary school. *Retrieved June 2, 2002, fromhttp://www.oise.utoronto.ca/~*

fieldcen/vol2.no3.htm.

Leithwood, K., Leonard, L. & Sharrat, L. (1998). "Conditions fostering organizational learning in schools", *Educational Administration Quarterly, 34(3),* 243-276.

MacBeath, J. & Mortimore. (2001). *inproving School effectiveness.* Buckingham: Open University press.

Marks, H. M., Louis, K. S., & Printy, S. M. (2000). The capacity for organizational learning: Implications for pedagogical quality and student achievement. In K. Leithwood & K. S. Louis (Eds), *Understanding schools as intelligent systems.* Gtreewood, CT: JAI.

Marquardt, M. T. (1996). *Building the learning organization.* New York: McGraw-Hill.

Marsick, V. J. & Watkins, K. E. (1994). The leaning organization: an integrative vision for HRD [Electronic version]. *Human Resource Development Quaterly, 5(4),* 353-360.

Marsick, V. J. & Watkins, K. E. (1999). Looking again at learning in the learning organization: a tool that can turn into a weapon [Electronic version]. the *leaning Organization, 6(5),* 207-211.

Mayer, R. E. (1998). Models for understanding. *Review of Educational Research, 59,* 43-64.

Mirvis, P. (1996). History foundations of organizational learning

[Electronic version]. *Journal of Organizational Change Management, 9(1),* 13-31.

Morey, D. & Frangioso, T. (1998). Aligning an organization for leaning: *The six principles of effective learning management, 1(4),* 308-314.

Morgan, G. (1997). *Images of organization, (2nd ed.).* California: Sage Publications.

Morrison, M., Rosentgal, A. (1997). Exploring learning [Electronic version]. *Journal of Workplace Learning, 9(4),* 124-129.

Mulford, W. (1999). *Organizational learning and educational change. In A. Hargreaves, A. Liberman, M. Fullan, & & Hopkins (Eds.). International handbook of international change.* London: Kluwer Academic.

Murphy, J., & Beck, L. G. (1995). *School-Based Management as School Reform.* Thousand Oaks, California: Corwin Press.

Myers. C., B. & Simpsor, D., J. (1998). *Re-Creating School.* London: Corwin Press.

Nonaka. I. (1991). The Knowledge-creating company. *Harvard Business Review, November-December,* 96-104.

Nunnally, J. C. (1960). The place of statistics in psychology: *Educational and psychological measurement,* 20, 641-650.

Nunnally, J. C. (1979). *Psychometric theory, (2nd ed.).* New York: McGraw-Hill.

Nutley, S. M., & Davies, H. T. (2001). Developing organizational leaning in the NHS. [Electronic version]. *Medical Education, 35,* 35-42.

O'Neil, J. (1995). On schools as learning organization: A conversation with Peter Senge. *Educational Leadership, 52(7),* 20-23

Ortenblad, A. (2001). On differences between organizational learning and learning organization [Electronic version]. *The learning Organization, 8(3),* 125-133.

Patterson, G. (1999). The learning university. *The learning organization, 6(1),* 9-17.

Pink, W. T. & Hyde, A,. A. (1992). Effective staff development for school change. New Jersey: *Ablex publishing corporation.* New Jersey: Ablex publishing corporation.

Preskill, H. & Torres, R. (1999). Evaluation inquiry for learning in organizations. California: Sage Publication.

Raywid, M. A. (1990). *Rethinking school governance. In R. Elmore, et al. (Eds.). Restructuring schools: The next generation of educational reform.* San Francisco: Jossey-Bass Publishers.

Razik, T. A. & Swanson, A. D. (2001). *Fundamental Concepts of Educational Leadership, (2nd ed.).* New Jersey: Prentice-Hall, Inc.

Redding, J. (1997). Hardwaring the Organization, *Training & Development,* 8.

Sarason, S. B. (1995). Some reactions to what we have learned. *Phi Delta Kappan, 77(1)*, 84-85.

Senge, P. (1990a). *The fifth discipline: The art & practice of the learning organization.* New York: Currency Doubleday.

Senge, P. (1990b). The fifth discipline fieldbook: The leader's work: Building learning organizations. *Sloan, Management Review: Reprint Series, 32(1).* 23-27.

Senge, P. (1994). *The fifth discipline: The art & practice of the learning organization.* New York: Doubleday.

Senge, P., Cambron-McCabe, N., Lucas, T., Smith, B., Dutton, J., & kleiner, A.(2000). *Schools that learn.* New York: Doubleday.

Senge, P., Kleiner, A., Roberts, C., Ross, R., & Smith, B. (1993). *Tools for building a learning organization.* New York: Doubleday.

Senge, P., Kleiner, A., Roberts, C., Ross, R. B., & Smith, B. J. (1994). *The fifth discipline fieldbook: Strategies and tools for building a learning organization.* New York: Currency Doubleday.

Sergiovanni, T. J. (1992). *Moral leadership: Getting to the heart of school improvement.* San Francisco: Jossey-Bass.

Sergiovanni, T. J. (1994). *Building community in schools.* San Francisco: Jossey-Bass Publishers.

Shaw, R. B., & Perkins, D. N. T. (1991). Teaching organizations to learn. *Organizational development Journal. 9(4)*, 1-12.

Shrivastava, P. (1983). A typology of organizational learning systems. *Journal of Management Studies, 20(1)*, 7-27.

Silins, H. C., Mulford, W. R., & Zarins, S. (2002). Organizational learning and school change. *EAQ, 38(5)*, 613-642.

Smith, J. (1998). An ongoing learning dialogue: An experiential model in progress. *Empowerment in Organizations*, 6(4), 119-123

Steiner, L. (1998). Organizational dilemmas as barriers to learning [Electonic version]. *The Learning Organization*, 5(4), 193-201.

Strachan, P. (1996). Managing transformational change: The learning organization and teamworking [Electronic version]. *Team performance Management*, 2(2), 32-40.

Tebbano, M. D. (2002). A study of the relationship between the preferred leadership styles of school district superintendents an the capability of school districts to become professional learning organizations(Doctoral dissertation, Seton Hall University, 2002). *Dissertation Abstract International*, 63, 01A.

Tobin, D. R., (1993). *Re-educating the Corporation Foundation for the Learning Organization.* Oliver Wight, Publications, Inc.

Ubben, G., Hughes, L., & Norris, C. (2001). *The principal: creative leadership for effective schools, (4th ed.).* Boston: Allyn and Bacon.

Venugopal, V., & Baets, W. (1995). Intelligent support systems for organizational learning [Electronic version]. *The learning organization, 2(3).* 22-34.

Whitaker, P. (1997). *Primary schools and the future: Celebration, challenges and choices.* Bristol, PA: Open University Press.

Wilkins, R. & Church, C. C. (2002). Schools as organizations: Some contemporary issues [Electronic version]. *The International Journal of Educational Management, 16(3),* 120-125.

Wyckoff, S. L. (1998). Schools as learning organizations: *A study on instrument development.* Unpublished doctoral dissertation, wichita State University.

Yuen, P. Y., & Cheng, Y. C. (2000). Leadership for teachers' action learning[Electronic version]. *The International Journal of Educational Management, 14(5),* 198-209.

Zederayko, G. E. & Ward, K. (1999). Schools as learning organizations: how can the work of teachers be both teaching and leaning? *NAAAP Bulletin, 38(604),* 35-45.

Zederayko, G. E. (2000). Variables in schools becoming learning organizations(Doctoral dissertation, University of Montana, 2000). *Dissertation Abstract International,* 61, 04A.

학습조직화 측정도구 개발을 위한 본 검사 질문지

이 질문지는 학교에서의 학습조직화 정도를 측정하기 위한 도구 개발을 목적으로 하는 본 검사 질문지입니다. 학교 업무에 바쁘실 줄 믿사오니 질문지 개발을 위한 연구에 도움을 주시면 고맙겠습니다. 선생님께서 응답하신 내용은 연구 자료로만 사용할 것을 약속드립니다. 선생님의 앞날에 무궁한 발전을 기원하며 성실한 답변을 부탁드리겠습니다.

※ 다음 사항 중 해당되는 곳에 V표를 하여 주십시오.

1. 학교특성에 대하여

 1) 학교 규모 : ① 12학급 이하 ② 13-36학급 ③ 37학급 이상

 2) 학교 소재지: ① 대도시 　　② 중·소 도시학교 ③ 읍·면

2. 응답자의 특성에 대하여

 1) 성 별 : ① 남 　　② 여

 2) 학 력 : ① 대학졸 　② 대학원졸

 3) 교육경력: ① 10년 이하 ② 11-20년 ③ 21년 이상

아래의 문항들은 귀하 학교의 학습조직화 정도에 대한 의견을 묻는 것
입니다. 다음의 척도를 이용하여 귀하가 생각하시는 곳에 "∨"표를
하여 주십시오.

① 전혀 그렇지 않다 ② 그렇지 않은 편이다 ③ 그런 편이다 ④ 정말 그렇다

문항 번호	항 목 나는~	①	②	③	④
1	새로운 변화에 적극적으로 대처한다.				
2	수업지도에 자신감을 가지고 있다.				
3	학교에서 중요한 역할을 수행하고 있다.				
4	사회의 변화에 따라 학교도 변해야 한다고 생각한다.				
5	실수에 대한 두려움 없이 주어진 업무를 수행한다.				
6	학생을 위해 최선을 다한다.				
7	교직을 만족스럽게 생각한다.				
8	학생들의 학습욕구를 충분히 고려한다.				
9	**우리 학교는~** 교사들에게 자율적인 교육과정 운영권을 부여한다.				
10	교사들에게 다양한 의견을 제시할 기회를 부여한다.				
11	교사들의 능력을 인정해 주고 높은 직무수행을 기대한다.				
12	교사들에게 수업에 대한 의욕을 갖도록 격려한다.				
13	교사들의 창의적인 아이디어를 존중한다.				
14	교사들에게 실수를 통해서 배울 수 있다고 격려한다.				
15	학교목표와 비전을 이해하고 있다.				
16	학교가 추구하는 미래의 비전을 공유한다.				
17	학교목표의 추진상황을 점검하고 문제점을 보완한다.				
18	학교장의 비전을 분명히 이해하고 있다.				
19	**우리 학교 교사들은~** 우리 학교의 비전이 달성 가능하다고 생각한다.				
20	학교목표에 따라 창의적인 학급 목표를 세운다.				
21	학교의 비전이 달성되면 나의 비전도 이루어진다고 본다.				
22	학교의 비전을 달성하기 위하여 자발적으로 참여한다.				
23	교사의 자기발전을 위한 기회가 많다.				
24	개인의 연수 활동을 장려한다.				
25	교사들 상호간에 전문적 교류가 왕성하다.				
26	교내 자율연수는 다소 형식적이다.				

① 전혀 그렇지 않다 ② 그렇지 않은 편이다 ③ 그런 편이다 ④ 정말 그렇다

문항 번호	항 목 우리 학교 교사들은~	①	②	③	④
27	교과 연구회 활동이 활발하다.				
28	교사들에게 토론하고 연구할 시간을 제공한다.				
29	교사들이 연수 활동에 적극적으로 참여한다.				
30	교사들이 수업개선을 위해 지속적으로 자기개발을 한다.				
31	교사들이 자신의 능력을 개발하기 위해 노력한다.				
32	나는~ 나의 업무가 동료나 우리학교에 미치는 영향을 고려한다.				
33	독자적으로 업무를 추진하기보다는 다수의 의견을 고려한다.				
34	나의 업무 결과를 평가하여 다음 업무에 반영한다.				
35	우리 학교장은~ 교사들 간의 협력체제를 강조한다.				
36	교사의 의견을 적극적으로 수렴한다.				
37	교사들에게 직무수행에 필요한 정보를 제공한다.				
38	학교 학교장은~ 교사들과의 대화를 강조한다.				
39	교사들의 능력을 충분히 발휘하도록 도와준다.				
40	교실 수업이 잘 이루어지도록 충분한 지원을 한다.				
41	교내의 잘못된 관행을 과감하게 고쳐 나간다.				
42	우리 학교는~ 교직원 회의에서 결의된 사항은 학교 운영에 반영된다.				
43	교사들은 의사결정에 참여할 기회가 많다.				
44	업무는 교장의 의도대로 처리된다.				
45	업무 활동이 유기적으로 이루어지고 있다.				
46	업무처리에 있어 절차와 규정을 강조한다.				
47	교과 및 학년 단위 활동이 강조되고 있다.				
48	학년 단위의 의사결정권이 부여되어 있다.				
49	학생들의 요구사항을 충분히 반영한다.				
50	특정 업무가 일부 교사들에 의해 이루어지고 있다.				
51	가정과 의사소통 통로가 마련되어 있다.				
52	업무 협의체제가 원활하게 이루어지고 있다.				
53	교사들은 수업개선 방안을 협의한다.				
54	교내 전산망이 잘 정비되어 있다.				
55	정보를 활용할 수 있는 운영체제를 가지고 있다.				
56	교수-학습 방법에 관한 자료를 쉽게 접할 수 있다.				

① 전혀 그렇지 않다 ② 그렇지 않은 편이다 ③ 그런 편이다 ④ 정말 그렇다

문항 번호	항 목 우리학교는~	①	②	③	④
57	지역사회와 신속한 정보체제가 구축되어 있다.				
58	교사들은 학습 자료에 대한 정보를 쉽게 접할 수 있다.				
59	교사들은 정보 시스템의 이용방법을 알고 적극 활용한다.				
60	학사 및 업무처리를 행정 전산망으로 하고 있다.				
61	우리 학교 교사들은~ 인터넷을 통해 다양한 정보를 습득한다.				
62	연수 활동에서 습득한 지식을 통해 수업을 개선한다.				
63	새로운 교수-학습방법에 대한 정보를 습득한다.				
64	온라인을 통해 교수-학습에 관한 자료를 수집한다.				
65	전문서적이나 각종 장학 자료를 통해 정보를 획득한다.				
66	동호회나 교과 연구회를 통해 새로운 정보를 얻는다.				
67	새로운 정보를 언제든지 접할 수 있다.				
68	업무에 관련 자료를 상호 공유하고 있다.				
69	교과 및 학년 협의회를 통해 다양한 정보를 공유하고 있다.				
70	수업과 관련된 새로운 교수 자료들은 서로 공유한다.				
71	새로운 지식과 정보를 공개하는 편이다.				
72	비공식적인 모임에서도 수업에 관련된 정보를 교류한다.				
73	새로운 교육정보를 동료교사와 공유한다.				
74	연수를 통해 얻은 지식을 동료교사들과 공유한다.				
75	아동의 학습 활동 결과를 누가적으로 보관하고 있다.				
76	부서별 업무 추진 결과를 체계적으로 관리하고 있다.				
77	교육관련 각종 양식을 표준화하여 보관하고 있다.				
78	각종 연수물을 학내 전산망에 탑재하고 있다.				
79	교사들 간에 비공식적인 모임을 갖는다.				
80	동료교사가 가진 지식과 정보를 수시로 활용한다.				
81	외부 기관에서 발굴한 수업기술을 학급에 활용한다.				
82	연수 활동을 통해 습득한 지식을 수업 활동에 적용한다.				
83	인터넷을 통해 얻은 지식을 수업에 활용한다.				
84	비공식 모임을 통해 습득한 지식을 학급운영에 활용한다.				
85	학부모와 전문가들의 의견을 교육 활동에 반영한다.				
86	각종 연구대회에서 입상한 아이디어를 활용하는 편이다.				

· 저자 ·

김희규   · 약 력 ·
          부산교육대학교 교육학과 졸업
          한국교원대학교 대학원 졸업(교육학 석사)
          고려대학교 대학원 졸업(교육학 박사)
          현) 한국교육과정평가원 부연구위원

          교육인적자원부 교직발전종합방안추진협의회 위원
          교육인적자원부 교육과정심의회 운영위원
          고려대학교 사범대학 강사
          상명대학교 교육대학원 겸임교수

          · 주요논저 ·
          「교사평가제도의 쟁점과 개선방안 연구」
          「학교규모별 학교풍토와 학생지도관과의 관계」
          「학교의 학습조직화 진단도구 개발에 관한 연구」
          「Senge의 학습조직이론의 학교적용에 관한 연구」
          『미국 교육법제 연구』
          『교원노조와 교육개혁』
          외 다수

학교조직과 학습조직

· 초판 인쇄	2007년 5월 31일
· 초판 발행	2007년 5월 31일
· 지 은 이	김희규
· 펴 낸 이	채종준
· 펴 낸 곳	한국학술정보㈜
	경기도 파주시 교하읍 문발리 526-2
	파주출판문화정보산업단지
	전화 031) 908-3181(대표) · 팩스 031) 908-3189
	홈페이지 http://www.kstudy.com
	e-mail(출판사업부) publish@kstudy.com
· 등 록	제일산-115호(2000. 6. 19)
· 가 격	22,000원

ISBN   978-89-534-6831-3 93370 (Paper Book)
        978-89-534-6832-0 98370 (e-Book)